Carlsen Klartext **Demokratie**

Jan Ludwig, geboren 1983, studierte Philosophie und Geschichte in Dresden und Paris. Nach dem Besuch der Henri-Nannen-Schule lebte er anderthalb Jahre als freier Korrespondent in Israel. Heute arbeitet er als Recherchetrainer im Faktencheck-Team der dpa und schreibt als freier Journalist Bücher. In der Reihe Carlsen Klartext ist von ihm bereits der Titel »Populismus« erschienen.

Jan Ludwig

Demokratie

CARLSEN KLARTEXT

Bisher in der Reihe Carlsen Klartext erschienen:
Extremismus
Fake News
Feminismus
Klima- und Umweltschutz
Nachhaltigkeit
Populismus
Schule – und dann?
Social Media

Wir produzieren nachhaltig
• Klimaneutrales Produkt
• Papiere aus nachhaltigen und kontrollierten Quellen
• Hergestellt in Europa

FSC www.fsc.org MIX Papier | Fördert gute Waldnutzung FSC® C021394

Originalausgabe
Mai 2024

Völckersstraße 14–20, 22765 Hamburg
Lektorat: Wiebke Andersen-Oberschäfer
Faktencheck: Kathrin Lilienthal
Umschlagabbildungen: ©Zaytseva Larisa (Kreis mit x 2083570180); ©Polina Valentina (Tempel 611779373); @GooseFrol (Schild1 826992244)
Umschlaggestaltung und Innenillustrationen: formlabor
Satz: Dörlemann Satz, Lemförde
ISBN: 978-3-551-32186-2

Inhalt

Einleitung

Es klingt, als wäre dieses Land besonders demokratisch: Alle Bürgerinnen und Bürger genießen Meinungsfreiheit, heißt es in Artikel 67 der Verfassung. Sie dürfen frei reisen, verspricht Artikel 75. Eine Volksversammlung erlässt Gesetze, behauptet Artikel 91.[1]

Eine Demokratie, wie man sie sich wünscht? Von wegen. Was hier beschrieben wird, ist das Land Nordkorea, eine der brutalsten Diktaturen der Welt. Nirgends werden Menschen so sehr in ihrer Freiheit beschränkt wie in dem Staat am östlichen Rand Asiens. Vielen Menschen in Nordkorea fehlt es an allem – von genügend Essen[2] bis zum Internetzugang.[3] Das Regime lässt die Bevölkerung leiden und isoliert sie von der Außenwelt.[4] »Demokratische Volksrepublik Korea«: So heißt das Land offiziell, und schon der Name ist eine Lüge.

Dieses Buch beginnt mit einem kurzen Ausflug nach Nordkorea, weil es heute viele Länder, Parteien und selbst Terrorgruppen gibt, die sich zwar demokratisch nennen. Sie sind es aber nicht.

Aber was genau macht dann eine Demokratie aus? Wann nennen wir etwas demokratisch und wann nicht? Sind echte Demokratien einfach alle Länder, in denen gewählt wird?

Und sind Wahlen immer demokratische Entscheidungen? Warum nennen wir dann manche Entscheidungen gewählter Regierungen undemokratisch? Und ist die Demokratie überhaupt die beste aller Regierungsformen?

All diese Fragen werden in diesem Buch behandelt. Es geht um Stimmzettel ohne Kästchen zum Ankreuzen, um TikTok und Volksentscheide, um Populismus, Tempo 30 und die Bundeswehr. Es wird erklärt, warum Abgeordnete im Bundestag oft nicht an ihrem Platz sitzen und was Schokolade mit Demokratie zu tun hat.

Eine Demokratie, so viel sei schon verraten, ist in jedem Fall mehr als Parlamentssitze, Gerichtsgebäude und Wahlkabinen. Demokratie wird nur dann zu einer, wenn sie auch gelebt wird. In diesem Buch werden deshalb auch Menschen vorgestellt, die sich für die Demokratie eingesetzt haben. Es sind Menschen aus der Vergangenheit und der Gegenwart, Erwachsene und Jugendliche, aus deutschsprachigen Ländern und dem Rest der Welt. Unter diesen »Gesichtern der Demokratie« sind Menschen, die nicht geschwiegen haben, als demokratische Werte verraten wurden, die ihre Freiheit aufs Spiel setzen oder gar ihr Leben, die den Hass überwanden und demokratische Brücken bauen. Wie sie das taten, erfahrt ihr in diesem Buch.

KAPITEL 1

Woran man Demokratien erkennt

Was bedeutet das eigentlich: Demokratie? Im Alltag haben wir eine ziemlich gute Vorstellung davon, was wir demokratisch finden und was nicht. »Demokratie ist, wenn alle mitbestimmen dürfen« – diesen Satz hört man oft, auch von Kindern.[5]

So definiert, ist Demokratie also einfach ein anderes Wort für Mitbestimmung. Diese Art von Demokratie begegnet uns an vielen Orten im Alltag. Zum Beispiel in der Schule, wenn die Klassensprecher gewählt werden. In der Stadt, wenn die Hauptstraße wegen einer Demo gesperrt ist. Oder im Verein, wenn ein neuer Vorstand gesucht wird. Immer will eine Gruppe von Menschen – Schülerinnen und Schüler, Demonstranten, Vereinsmitglieder – mitentscheiden, was getan wird und was nicht.

Auch beim Sport gibt es demokratische Mitbestimmung. Spielergewerkschaften setzen sich im Fußball oder Handball dafür ein, dass alle fair behandelt werden, auch in den unteren Ligen. Und selbst in der Wirtschaft gibt es demokratische Strukturen. In großen Unternehmen passen gewählte Betriebsräte auf, dass niemand ausgebeutet wird. In einer funktionierenden Demokratie gibt es diese Mitbestimmung auch in der Politik, auf allen politischen Ebenen: vom Gemeinderat bis zum Bundestag.

Das Gegenstück zur Demokratie ist die Diktatur. In dieser Regierungsform gibt es kaum oder gar keine echte Mitbestimmung. Entschieden wird von oben herab. Widerspruch wird unterdrückt, oft sogar gewaltsam. Ein anderes Wort für Diktatur ist »Autokratie«, was wörtlich »Selbstherrschaft« bedeutet. Diktatoren üben ihre Macht unbeschränkt aus, denn anders als in einer Demokratie regiert das Volk nicht oder nur sehr begrenzt mit.[6] Manchmal werden Diktaturen auch als »autoritäre Systeme« bezeichnet. Damit wird betont, dass ein Machthaber die demokratische Konkurrenz einschränkt oder nicht zulässt.[7]

Zwischen einer perfekten Demokratie und einer voll ausgeprägten Diktatur gibt es natürlich Abstufungen. Und die kann man tatsächlich messen. Die Rechercheabteilung EIU der britischen Mediengruppe »The Economist Group«, das Institut V-Dem im schwedischen Göteborg und andere bewerten anhand verschiedener Merkmale, wie demokratisch die Länder der Welt sind.[8] Dabei prüfen sie zum Beispiel:

- Gibt es ein frei gewähltes Parlament?
- Kann die Justiz frei von staatlichem Druck Urteile fällen?
- Können Medien frei arbeiten?
- Ist das Internet frei nutzbar, oder gibt es eine weitreichende staatliche Zensur?
- Gibt es wirksame Gesetze gegen Korruption?
- Wie hoch sind die Chancen der politischen Konkurren-

ten, bei der nächsten Wahl Stimmen zu gewinnen oder sogar an die Macht zu kommen?

In Einzelheiten unterscheiden sich diese Ranglisten. Aber die Tendenz ist klar. An der Spitze der Rankings stehen Demokratien wie Norwegen und die Schweiz, am unteren Ende Länder wie Nordkorea, China und Afghanistan. Deutschland landet in den Top 20.

In Demokratien leben Menschen im Durchschnitt länger[9], sie sind glücklicher[10] und wohlhabender.[11] Demokratien führen auch fast nie Krieg gegeneinander. Und doch leben weniger als die Hälfte der Menschen auf der Welt in einer Demokratie.[12] Umso wichtiger ist es, den Wert der demokratischen Errungenschaften zu schätzen und die Demokratie zu schützen.

Stell dir vor, du wachst morgens an deinem 18. Geburtstag auf. Woran denkst du als Erstes? Vermutlich an Geschenke, klar. Vom Staat bekämst du auch etwas, nämlich das Recht zu wählen – jedenfalls in fast allen Demokratien der Welt. Aber nicht in China. Dort würdest du nie deine Stimme für den Präsidenten abgeben können, denn es gibt keine landesweiten, freien Wahlen.[13] Sicher würdest du dich auch auf Glückwünsche freuen, bei Instagram, WhatsApp oder Facebook. In China könntest du da lange warten: Dort sind alle drei Dienste von der staatlichen Zensurbehörde gesperrt.[14]

Stell dir nun vor, du müsstest am Tag nach deinem Geburtstag eine Prüfung schreiben, du wärst aber nicht gut vorbereitet, denn die Party ging lang. Schnell noch mal bei Wikipedia nachlesen? Keine Chance. Die Website ist in China gesperrt.[15] Aber wenigstens ein Chatbot mit künstlicher Intelligenz wird doch helfen, oder? In China könntest du es mit ERNIE probieren, so heißt das chinesische Gegenstück zu ChatGPT.[16]

Aber wehe, du bereitest dich auf ein Referat in Geschichte vor und fragst den KI-Chatbot danach, was am 4. Juni 1989 in Peking geschah. »Wechsle das Thema und fang noch mal neu an«, würde dir das Programm antworten. Der Grund: Die chinesische Armee schoss damals auf Demonstranten, Hunderte oder vielleicht sogar Tausende Menschen wurden getötet. Genau weiß man es nicht, weil das Thema in China tabu ist. So tabu, dass selbst Chatbots zensiert programmiert werden. Diktaturen sperren Menschen ein – und die Wirklichkeit aus.

Zum Glück war all das für dich nur ein Albtraum, denn wenn du dieses Buch gerade liest, lebst du wahrscheinlich in einer Demokratie. Für 18-jährige Chinesinnen und Chinesen ist all das leider Alltag.[17]

Demokratie vs. Diktatur – Vertrauen gegen Angst

Einer der wichtigsten Unterschiede zwischen einer Demokratie und einer Diktatur ist die friedliche Übertragung der Macht. Die Erlaubnis, uns zu regieren, verleihen wir in einer Demokratie immer nur auf Zeit. Den Bundestag wählen wir alle vier Jahre, eine Bürgermeisterwahl findet alle fünf bis zehn Jahre statt. In demokratischen Wahlen gibt es immer Verlierer und Gewinner. Die Unterlegenen müssen ihre Macht abgeben, leben aber sonst danach ein normales Leben. Sie können darauf vertrauen, dass ihnen der Staat und ihre politischen Konkurrenten nichts antun.

Anders in einer Diktatur: Eine friedliche Übertragung der Macht – gegen den Willen des Herrschers – ist in der Regel nicht möglich. Diktatoren herrschen oft so lange, bis sie ihre Macht an einen ausgesuchten Nachfolger übertragen, eines natürlichen Todes sterben – oder getötet werden. Der libysche Diktator Muammar al-Gaddafi wurde 2011 von Aufständischen umgebracht. Der irakische Machthaber Saddam Hussein wurde nach dem Einmarsch der USA 2003 gestürzt, später von Irakern zum Tode verurteilt und gehängt. Während der rumänischen Revolution im Jahr 1989 wurde der diktatorisch regierende Nicolae Ceauşescu nach einem kurzen Schauprozess vor einem sogenannten Standgericht zusammen mit seiner Frau erschossen. Die Aufzählung könnte man fortsetzen. Die Diktatoren anderer Regime landeten oft im Gefängnis oder flohen aus ihrem Land, um sich anderswo zu verstecken.

Diktatoren leben gefährlich, schon während ihrer Amtszeit, aber auch danach. Ihr ganzes System beruht auf Angst. Diktatoren haben Angst vor einem Putsch des Militärs, sie haben Angst vor Konkurrenten aus den eigenen Reihen oder vor einem Aufstand des Volkes. Normale Bürgerinnen und Bürger fürchten sich wiederum vor dem Staat, der Polizei, den Gerichten, dem Geheimdienst. In Diktaturen werden Menschen willkürlich festgenommen und verurteilt, gefoltert oder sogar umgebracht. Und der Geheimdienst? Fürchtet sich oft vor sich selbst. Manchmal bespitzelt er sogar Mitglieder der eigenen Regierung, wie in der DDR geschehen.[18]

Eine Diktatur funktioniert dann am besten, wenn alle sich voreinander fürchten. Bis zum Irrsinn betrieben hat das Josef Stalin, der in der Sowjetunion von 1924 bis 1953 herrschte. Aus Angst ließ Stalin nicht nur politische Gegner, sondern auch einen Großteil seiner Generäle, eigene Parteikollegen und sogar seinen Arzt verhaften, foltern, ins Lager bringen oder erschießen. Seine Angst könnte ihm sogar das Leben gekostet haben. Denn als Stalin im März 1953 einen Schlaganfall erlitt, traute sich lange niemand, ihn zu wecken oder schnell einen Arzt zu rufen. Sein Umfeld fürchtete, Stalin könnte sich wegen falscher Behandlung an ihnen rächen.[19] Die Angst der Diktatoren kann also tödlich sein.

Während eine Diktatur auf Angst gründet, beruht eine Demokratie ganz wesentlich auf Vertrauen: Vertrauen in den Staat, Vertrauen in die Regierung, Vertrauen in die Zivilgesellschaft, Vertrauen in Medien. Minderheiten in der Bevölkerung vertrauen darauf, dass sie von Gesetzen geschützt werden. Die Opposition weiß, dass sie bei den nächsten Wahlen wieder antreten kann und keine Verfolgung fürchten muss. Und der Staat vertraut auch seinen Bürgerinnen und Bürgern.

Das Vertrauen ist in einer Demokratie aber nicht grenzenlos. Auch ein gesundes Misstrauen gehört dazu. Die Aufteilung staatlicher Macht in eine Regierung, ein Parlament und ein Justizsystem ist zum Beispiel eine Form von permanentem Misstrauen. Machtübertragung? Ja, bitte! Aber bitte nicht zu viel Macht auf einmal. Und vor allem nicht auf Dauer. Falls sich zum Beispiel Politiker als korrupt herausstellen oder auch nur der Verdacht besteht, verlieren sie oft ihr Amt. Deshalb haben Politikerinnen und Politiker auch in einer Demokratie Angst, zumindest an einem Tag: Am Wahlabend fürchten sie, ihr Amt zu verlieren oder keinen Sitz mehr im Parlament zu bekommen.

Gesichter der Demokratie: ***Maria Kalesnikawa*** *(Belarus)*

**1982*

Würde sie noch in Deutschland wohnen, wäre Maria Kalesnikawa heute in Freiheit. Sie könnte weiter Querflöte spielen, so, wie sie es viele Jahre lang getan hat. Aber Kalesnikawa lebt nicht mehr in Stuttgart, wo sie studiert und gearbeitet hat. Die Musikerin ging zurück nach Belarus, in ihr Heimatland, um etwas zu verändern. Denn dort herrscht seit rund drei Jahrzehnten Alexander Lukaschenko wie ein Diktator.

Im Jahr 2020, einige Monate vor der Präsidentschaftswahl in Belarus, fing Maria Kalesnikawa an, sich politisch zu engagieren: für ein freies, demokratisches Belarus. Sie leitete das Wahlkampfteam für einen Gegenkandidaten zu Machthaber Lukaschenko.[20] Doch der Kandidat wurde verhaftet. Genauso wie andere, die bei den Wahlen antreten wollten.[21] Was dann geschah, war für Belarus historisch: Zum ersten Mal taten sich drei Politikerinnen der Opposition, eine davon Kalesnikawa, zusammen. Gemeinsam kämpften sie gegen Lukaschenko, stellvertretend für die inhaftierten Kandidaten.[22] Kalesnikawas Markenzeichen: das Herz-Symbol, geformt aus ihren Fingern.[23]

Doch die Wahlen in Belarus im Sommer 2020 waren weder fair noch frei. Am Wahltag selbst wurde die Auszählung gefälscht.[24] Am Ende hieß der angebliche Sieger wieder: Alexander Lukaschenko.

Hunderttausende protestierten in den Tagen nach der gefälschten Wahl auf den Straßen des Landes. Polizeikräfte knüppelten die Demonstrierenden nieder, schossen sogar mit scharfer Munition. Zehntausende wurden festgenommen. Wenige Wochen danach wurde Kalesnikawa auf der Straße entführt. Lukaschenkos Schergen versuchten, sie gewaltsam aus dem Land zu werfen. Sie fuhren sie bis an die Grenze zur Ukraine. Dort angekommen, zerriss Kalesnikawa ihren Pass – und konnte so nicht mehr die Grenze passieren.[25] Sie wollte in ihrem Geburtsland Belarus bleiben, schließlich war das auch ihr Land.

Ihren Widerstand, ihren Willen, im Land zu bleiben, bezahlte Kalesnikawa mit einem hohen Preis. In einem Schauprozess wurde sie zu elf Jahren Haft verurteilt, unter anderem wegen »Gefährdung der nationalen Sicherheit«.[26] Seither sitzt sie im Gefängnis, lange sogar in Isolationshaft. Aus der Gefangenschaft heraus hat sie seit Monaten keinen Kontakt zu ihren Angehörigen. Sie verlor 15 Kilo Gewicht und wurde wegen eines Magengeschwürs notoperiert.[27]

Geschichten wie die von Maria Kalesnikawa gibt es in Belarus zuhauf. Rund 1400 politische Gefangene hat das Regime in seiner Gewalt.[28] Für Kalesnikawa erheben jetzt andere ihre Stimme, darunter ihre Schwester Tatsiana. Sie wohnt im Exil. Wo immer Tatsiana im Namen ihrer Schwester öffentlich auftritt, bei Preisverleihungen, Demonstrationen oder Filmvorführungen, trägt sie ein Foto von Maria in den Händen. Darunter der Hashtag #FreeKalesnikava. Hat Tatsiana beide Hände frei, macht sie die Geste ihrer Schwester: ein Herz.

KAPITEL 2

Im Supermarkt und auf der Straße I: Wo uns Demokratie im Alltag begegnet

Demokratie setzt also voraus, dass Menschen mitbestimmen können. Leider ist das nicht immer und überall der Fall. Die folgenden zwei Beispiele zeigen, wie Menschen, die mit den Zuständen unzufrieden waren, mehr Mitbestimmung einforderten.

Demokratie global …

Wusstest du, dass in Schokolade oft Kinderarbeit steckt? Seit Jahrzehnten prangern internationale Organisationen das an. Kakao wächst auf Plantagen, vor allem in Ghana und der Elfenbeinküste. Dort arbeiten mehr als 1,5 Millionen Kinder.[29] Ein Großteil von ihnen schuftet unter gefährlichen Bedingungen: Sie versprühen Pestizide ohne Schutzkleidung, hantieren mit Macheten oder tragen die schweren Säcke mit Kakaobohnen. Und da sie so viel arbeiten, können sie nicht zur Schule gehen, obwohl jedes Kind ein Recht auf Bildung hat.[30]

Die Kakaobauern sind oft so arm, dass sie Kinder auf den Plantagen beschäftigen. Von dem, was wir für eine

Tafel Schokolade bezahlen, kommen nur ein paar Cent bei den Bauern an.[31] Die großen Schokoladenkonzerne haben sich zwar vor mehr als 20 Jahren dazu verpflichtet, die Kinderarbeit zu überwinden. Aber seither ist viel zu wenig passiert. Die Kinder von damals haben heute selbst Kinder, die vielleicht wieder in den Kakaoplantagen arbeiten.

… und Demokratie lokal

Bestimmt hast du schon mal ein Verkehrsschild gesehen, auf dem »Freiwillig 30« zu lesen ist. Vielleicht hängt sogar eines in der Straße, in der du wohnst, vielleicht auch vor dem Schwimmbad oder dem Kino. Hast du dich mal gefragt, warum dort der Zusatz »Freiwillig« steht – und nicht einfach nur eine 30? Warum wird das nicht gesetzlich geregelt, wie sonst so vieles in Deutschland?

Die Antwort ist einfach: Weil es verboten ist. Dörfer und Städte dürfen nicht immer selbst entscheiden, welches Tempolimit auf ihren Straßen gilt.[32] Laut Straßenverkehrsordnung gilt ein Tempolimit von 50 km/h in Ortschaften.[33] Ausnahmen an größeren Straßen gibt es nur wenige, etwa vor Schulen.[34] Auch wo es viele Unfälle gab oder die Gesundheit der Anwohner gefährdet ist, darf Tempo 30 eingeführt werden. Die »Sicherheit und Leichtigkeit des Verkehrs«[35]

muss gewährleistet sein. So will es wörtlich das Gesetz. Oder anders gesagt: Im Zweifel für das Auto.

Reguläre Schilder dürfen die Gemeinden also nicht einfach so aufstellen. Deshalb hängen manche Privatpersonen Schilder auf, die man einfach googeln und ausdrucken kann: »Freiwillig 30 – der Kinder wegen« oder »Freiwillig 30 – wegen uns«, in Gelb gehalten, mit Kindern drauf. Doch diese Schilder sind juristisch ein bisschen heikel.[36] Den amtlichen Verkehrszeichen dürfen sie nämlich nicht zu ähnlich sehen. Auf vielen Straßen in Deutschland brettern also weiterhin Lastwagen und Autos mit 50 km/h durch die Stadt. Für viele Anwohner an Hauptstraßen ist das nervig. Und vor allem für Kinder auch gefährlich.

Was also tun?

Diese beiden Fälle zeigen, wie oft uns Politik im Alltag begegnet. Was das Ganze mit Demokratie zu tun hat? Sehr viel! In der Demokratie ist das ganz Große oft mit dem ganz Kleinen verbunden. In der Demokratie haben wir Einfluss auf das, was passiert. Wir können uns jeden Tag entscheiden, etwas zu tun, was die Welt ein bisschen demokratischer macht. Und genau das ist hier auch passiert: Sowohl bei der Schokolade als auch bei Tempo 30 wurden in den vergangenen Jahren viele Menschen aktiv. Sie setzten sich auf ganz verschiedene Weise dafür ein, die Welt zu verändern, im Kleinen wie im Großen.

Wenn du magst, kannst du ein bisschen schummeln und bis auf Seite 150 vorblättern. Dort wird beschrieben, wie die Probleme demokratisch angegangen wurden, und welche Gruppe welchen Hebel ansetzte, um den Stein ins Rollen zu bringen. Oder aber du liest erst mal in diesem Buch nach, wie eine Demokratie funktioniert. Du hast also – wie könnte es in einem Buch über Demokratie auch anders sein – die Wahl!

KAPITEL 3

Von der Agora zum Wahl-O-Mat: Eine kurze Geschichte der Demokratie

Die Demokratie in der Antike

Mit einem Haufen Scherben fing alles an. Zu Tausenden versammelten sich die männlichen Bürger von Athen auf der Agora, dem staubigen Marktplatz der Stadt. Sie kamen, um zu wählen. Papier war im 5. Jahrhundert vor Christus noch nicht erfunden, Pergament zu teuer. Also nahmen die Athener Tonscherben in die Hand und ritzten einen Namen in die Scherbe. Oder besser: ließen ritzen, denn einige von ihnen konnten weder lesen noch schreiben. Die Scherben wurden anschließend gesammelt und gezählt. Dann wurde das Ergebnis verkündet.

Das antike Athen gilt als Musterbeispiel einer frühen Demokratie.[37] Schon damals, vor rund 2500 Jahren, gab es Beamte, die die Stadt verwalteten, es gab Richter, es gab eine Volksversammlung.[38] Und es gab eben Wahlen mit Scherben. Die Sache hatte nur einen Haken. Dem Auserwählten

brachten die Scherben kein Glück. Wer die meisten Stimmen erhielt, wurde für zehn Jahre aus der Stadt verbannt.

Beim Scherbengericht von Athen, griechisch Ostrakismos, ging es darum, den unbeliebtesten Menschen der Stadt zu vertreiben. Einen, dessen Macht man fürchtete. Aus heutiger Sicht klingt das eher nach Dschungelcamp als nach Wahltag. Und doch steckte schon vieles von unserer heutigen Demokratie in dieser Wahl. Zum Beispiel die (fast) geheime Abstimmung, denn die Auszählenden sahen nicht, wer was geschrieben hatte. Oder dass jede Stimme gleich viel zählte, egal ob jemand reich oder arm, alt oder jung war. Aber vor allem: dass zu viel Macht in den Händen Einzelner gefährlich sein kann – und jede Demokratie versuchen muss, das zu verhindern. Überhaupt konnten die Athener sehr viel selbst entscheiden, mit einfachem Handzeichen auf der Agora. Sie konnten zum Beispiel entscheiden, in den Krieg zu ziehen.[39]

Wirklich demokratisch im heutigen Sinne war das System in Athen aber nicht, denn Frauen hatten kein Stimmrecht. Die Athener hielten außerdem zeitweise über 100 000 Menschen als Sklaven. Auch die durften nicht mitbestimmen. Im Ganzen entschied damit höchstens jeder siebte Einwohner Athens über das Schicksal der gesamten Stadt.[40]

Bleibt noch die Frage, wie die Athener eigentlich ihre Ämter besetzten. Wer ernannte denn die Beamten in der Verwaltung, wer die Richter? Die Athener nutzten in vielen Fällen eine Art Los-Maschine mit weißen und schwarzen Kugeln, um zu bestimmen, wer welches Amt bekleiden durfte.[41] Die Los-Maschine funktionierte ein bisschen wie Roulette: Erhielt man eine weiße Kugel, war man gewählt, bei einer schwarzen nicht. Die »Wahl« zu einem Amt konnte damit im Prinzip auf jeden Bürger fallen. Neben dem Volk regierte in Athen also auch der Zufall.

In den 2500 Jahren seit den ersten Wahlen dieser Art hat die Demokratie eine bewegte Zeit durchgemacht. Die Geschichte der Demokratie ist geprägt von Rückschlägen und Fortschritten. Die Richtung aber war klar: Über die Jahrhunderte gesehen konnten immer mehr Menschen mit immer mehr Rechten immer mehr mitbestimmen.

Auch im antiken Rom verlief manches demokratisch, anderes nicht. Wie in Athen war es nur einer kleinen Schicht der Bevölkerung erlaubt, in allen Bereichen mitzuregieren. In Rom hießen sie Patrizier, gewissermaßen die Adeligen der Stadt. Dazu kamen noch die Plebejer, reich gewordene Handwerker und Bauern. Auch sie durften mitbestimmen. Adel oder Geld, das waren in Rom die zwei entscheidenden Faktoren.

Eine Besonderheit an der römischen Republik war das Amt des Diktators. Für heutige Ohren klingt das ziemlich absurd, freiwillig einen Diktator zu ernennen. Die Römer allerdings glaubten, dass in Zeiten der Not – etwa im Krieg – die staatliche Macht auf eine Person konzentriert sein sollte. Dieser Diktator wurde für ein halbes Jahr gewählt.[42] Er war Oberbefehlshaber der Soldaten, oberster Richter und Regierungschef in einer Person. Selbst Gesetze durfte er erlassen.

Die Frage, die sich die Römer vor mehr als 2000 Jahren stellten, ist auch heute noch aktuell: In welchem Maß dürfen wir in einer Demokratie die Freiheit einschränken, um Sicherheit zu gewinnen? Ob in einem Krieg, in einer Pandemie oder im Kampf gegen Extremismus und Terrorismus: Demokratien müssen immer wieder neu entscheiden, wie sehr die Rechte der Bürgerinnen und Bürger eingeschränkt werden dürfen.

Bei den Römern stellte sich diese Frage irgendwann nicht mehr. Sie schafften die Demokratie einfach komplett ab und unterwarfen sich einem Kaiser. Der hatte noch mehr Macht als der Diktator und regierte sogar auf Lebenszeit.

> Der römische Staatsmann **Caesar** ließ sich 44 v. Chr. zum Diktator auf Lebenszeit ernennen. Mit seinem Aufstieg begann das Ende der römischen Republik. Weil Caesar durch seine Politik und seine Schriften so viel Einfluss hatte, stammen die heutigen Begriffe »Kaiser« und »Zar« von seinem Namen ab.

Die Demokratie in Mittelalter und Früher Neuzeit

Auch in anderen Regionen Europas hatte die Demokratie in den folgenden Jahrhunderten einen schweren Stand. Im Mittelalter herrschten eher Grafen, Fürsten und Könige. Statt der Wähler bestimmten oft die Launen der Monarchen die Politik. Genau das wurde ihnen auf Dauer aber vielerorts zum Verhängnis.

Der griechische Ausdruck »Monarch« heißt zwar wörtlich übersetzt »Einzelherrscher«. Aber kein einziger Monarch regiert wirklich allein über Tausende oder noch mehr

Menschen. Was Könige dringend brauchen, sind Geld und Soldaten, die für sie kämpfen. König Johann, Herrscher von England ab dem Jahr 1199, hatte irgendwann beides nicht mehr. Er verlor Kriege und das Vertrauen seiner Untertanen.

Den Adeligen seines Landes wurde es zu bunt. Ein Teil von ihnen verbündete sich und lehnte sich mit einem Heer von Soldaten gegen ihren erfolglosen König auf.[43] Nach harten Verhandlungen willigte König Johann ein, einen Vertrag zu unterschreiben. Als »Magna Carta« (was auf Latein so viel wie »große Urkunde« bedeutet) ging dieses Dokument in die Geschichte der Demokratie ein. Denn die Niederlage des Monarchen war ein Sieg der Demokratie.

Von nun an konnte der König nicht mehr nach Lust und Laune regieren. Er war vielmehr an einen Vertrag gebunden.[44] Er durfte zum Beispiel niemanden mehr willkürlich in den Kerker sperren lassen. Nicht der König, sondern nur ein Richter durfte Menschen zur Haft verurteilen.[45] In unserem heutigen Rechtsstaat ist das selbstverständlich. Damals war es eine Demütigung des Monarchen.

Außerdem musste der König in der Magna Carta versprechen, dass die Adeligen mitbestimmen können, welche Steuern erhoben werden. König Johann hatte sich ja als unfähig erwiesen, mit staatlichem Geld vernünftig umzugehen. Deshalb wollten die englischen Barone jetzt ein Wörtchen mitreden.

Die Magna Carta war damit die Geburtshelferin des modernen Parlaments.[46] Noch heute gilt die Entscheidung über die Ein- und Ausgaben eines Staates als das wichtigste

Recht des Parlaments. Lustigerweise nennt man es auch das »Königsrecht«, weil es so entscheidend ist.[47]

Für die damalige Zeit war die Magna Carta revolutionär. Aber wie das so ist mit historischen Ereignissen: In ihrer Zeit selbst waren sie manchmal nicht von langer Dauer. Die erzwungene Einigung der Magna Carta von 1215 hielt gerade mal ein paar Wochen.[48] Erst 1689, in der »Bill of Rights«, wurden die Rechte des Parlaments verbindlich festgeschrieben. Es garantierte den Parlamentariern, in militärischen und steuerlichen Angelegenheiten mitbestimmen zu können.

Heute ist Großbritannien gleichzeitig Monarchie und Demokratie, genauer gesagt: eine parlamentarische Monarchie. Das aktuelle Staatsoberhaupt, König Charles III., wurde zwar nicht gewählt. Ansonsten ist das Land aber eine Demokratie, mit unabhängigen Medien und freien Wahlen. Über das staatliche Geld entscheidet schon lange nicht mehr der König, sondern, wie es in einer Demokratie selbstverständlich ist, das Parlament.[49]

1689, im selben Jahr wie die »Bill of Rights«, veröffentlichte der englische Philosoph John Locke seine Theorie des Liberalismus. Locke glaubte, dass der Mensch von Natur aus frei sei.[50] Jeder Mensch habe das Recht auf Leben, Freiheit und Eigentum. Eine Regierung sollte diese Freiheit nur begrenzen, wenn durch das Handeln eines Menschen die Freiheit anderer eingeschränkt wird. Wann genau der Staat das darf, soll in Gesetzen festgeschrieben werden.[51] Das Recht auf Eigentum bedeutet zum Beispiel, dass niemand die Freiheit hat, mir mein Eigentum zu stehlen.

Genau wie John Locke war auch der Franzose Montesquieu ein Denker der Aufklärung. So wird die geschichtliche Epoche um das 18. Jahrhundert genannt, in der Philosophen immer stärker die Freiheit des Einzelnen betonten. In seiner Schrift »Vom Geist der Gesetze« von 1748 beschrieb Montesquieu ein Modell der Gewaltenteilung, wie sie unserer heutigen sehr nahekommt.[52] (»Gewalt« ist hier im Sinne von staatlicher Macht gemeint.) Montesquieus Theorie von einem gerechten Staat beruhte dabei auf dem Bild, das er vom Menschen hatte. Vereinfacht gesagt: Wenn ein Mensch zu viel Macht hat, neigt er dazu, sie zu missbrauchen. Darum soll die staatliche Macht in drei Bereiche geteilt werden: Eine Gewalt macht die Gesetze (Legislative), eine Gewalt führt sie aus (Exekutive), und eine Gewalt fällt Urteile (Judikative). Die drei Gewalten sollen sich gegenseitig kontrollieren, damit »die Macht der Macht Grenzen setzt«, schrieb Montesquieu.[53]

Diese Unterteilung reichte Montesquieu aber noch nicht. Er wollte noch ein zweites Sicherungssystem einbauen. Deshalb sprach er sich auch für eine »vertikale Gewaltenteilung«[54] aus. Gemeint ist eine Aufteilung der Macht zwischen der landesweiten Regierung und kleineren politischen Einheiten. Heute wird dafür der Ausdruck Föderalismus verwendet (von lateinisch »foedus« für Bund, Bündnis).

Die Ideen von Montesquieu und John Locke hatten großen Einfluss auf die amerikanische Verfassung von 1787. Die Vereinigten Staaten hatten 1776 ihre Unabhängigkeit von der britischen Krone erklärt, denn bis dahin waren sie noch britische Kolonien. In der amerikanischen Verfassung war nun zum ersten Mal von einer Gewaltenteilung die Rede. Im Englischen heißt es »checks and balances«, auf Deutsch so viel wie »gegenseitige Kontrolle und Ausgleich zwischen den Gewalten«. Die Vereinigten Staaten gehören damit zu den ältesten Demokratien der Welt, deren Verfassung auch heute noch gilt. Ihre Gesetze inspirierten auch die Verfassungen anderer Länder.

Mit dem Ruf »Freiheit, Gleichheit, Brüderlichkeit« befreiten sich 1789 dann auch die Franzosen von ihrem König. In seinem Fall endete das für ihn vier Jahre später unter dem Fallbeil. Doch die Gewalt der Revolution fiel bald auch auf die Revolutionäre zurück. Statt in eine stabile Demokratie mündete die Freiheitsbewegung in die autoritäre Herrschaft Napoleons. Was blieb, waren die Ideen der Revolution – darunter die erste Menschenrechtserklärung in Europa, verkündet im Jahr 1789.

Links oder rechts? Die Französische Revolution war noch in anderer Hinsicht wegweisend. In der Nationalversammlung saßen die konservativen Befürworter einer starken Monarchie auf der rechten Seite des Präsidenten, die radikaleren Befürworter einer stärkeren Volksvertretung auf der linken. Bis heute hat sich diese Unterscheidung in rechts und links gehalten – auch wenn sie heute natürlich nicht mehr dasselbe bedeutet. Im Bundestag sitzen linke Parteien auch räumlich ganz links und die AfD ganz rechts.

Die Demokratie in der Moderne

19. Jahrhundert

Die Ideen von Gleichheit und Freiheit inspirierten auch die Deutschen. Zunächst protestierten vor allem Studierende für mehr Freiheiten, etwa auf dem Hambacher Fest im Jahr 1832. Sie wollten Bürger sein und nicht mehr Untertanen, nicht mehr nur Pflichten haben, sondern auch Rechte. Politische Zeitungen wollten sie drucken, um ihrer Meinung Ausdruck zu verleihen und auch andere davon zu überzeugen. Pressefreiheit, Meinungsfreiheit und Versammlungsfreiheit, also das Recht zu demonstrieren: All das waren damals revolutionäre Gedanken, jedenfalls aus Sicht vieler Herrscher. Auch wenn sich viele Fürsten und Könige nicht auf die Seite der Studenten schlugen, trieben die Proteste die Entwicklung der Demokratie voran.

Im Frühjahr 1848 sah es dann tatsächlich nach einem Aufbruch aus. »Die Völker treten nun an die Stelle der Fürsten!«, jubelte die Neue Zürcher Zeitung.[55] Zum ersten Mal tagte ein gewähltes Nationalparlament der Deutschen. Fast 600 Abgeordnete aus den deutschen Staaten kamen in der Frankfurter Paulskirche zusammen.[56]

Parteien gab es damals noch nicht. Trotzdem schlossen sich Abgeordnete mit gleichen Ansichten zusammen. Zwischen den Sitzungen des Parlaments trafen sie sich in den

Gaststätten Frankfurts. Sie nannten sich dann nach den Restaurants: Der »Pariser Hof« war eine Gruppe von Konservativen, im »Café Milani« trafen sich die Monarchisten, im »Nürnberger Hof« tagten die Befürworter einer Republik.[57]

Die Abgeordneten der Paulskirche begründeten damit die Tradition der Parlamentsfraktionen, in denen sich Abgeordnete einer Partei zusammenschließen. Bis heute spricht man übrigens im österreichischen Parlament nicht von Fraktionen, sondern von Klubs.

Genau wie heute waren sich die Parlamentarier in vielen Dingen nicht einig. Trotzdem erarbeiteten die Mitglieder der Paulskirchen-Versammlung eine Verfassung. Was ihnen fehlte, war Einfluss. Sie konnten ihre Ideen nicht durchsetzen, denn der König war nicht bereit, einen Teil seiner Macht abzugeben. Der erste Ansatz für ein demokratisches Parlament auf deutschem Boden hielt gerade mal ein Jahr. Danach löste sich die Versammlung auf.

Aus heutiger Sicht waren einige Ideen von damals nicht wirklich demokratisch. Für viele Abgeordnete bedeutete Demokratie damals, dass der König nicht mehr absolut herrscht, sondern gemäß den Regeln einer Verfassung. Wer sich für eine Abschaffung der Monarchie einsetzte, galt hingegen als »radikaldemokratisch«.[58]

20. Jahrhundert

Im 20. Jahrhundert waren es dann nicht mehr Monarchen, die sich der Demokratie in den Weg stellten. Zu Beginn des Jahrhunderts begann ein langer Kampf zwischen Demokratie und Diktatur. Deutschland entschied sich nach dem Ersten Weltkrieg für eine Demokratie. 1919 stellten sich Parteien in freien Wahlen zur Abstimmung. Es war die Geburtsstunde der Weimarer Republik.

Aber warum eigentlich »Weimarer« Republik, wenn Berlin schon damals das Zentrum der politischen Macht war? 1918 lieferten sich in Berlin viele Sozialisten, Monarchisten, Polizisten und Soldaten Straßenschlachten. Die erste Volksversammlung musste daher an einen sicheren Ort fliehen. Sie fand ihn in Weimar in Thüringen. Das lag nicht nur relativ nahe an Berlin. Es gab dort auch genug Hotels, um die Abgeordneten unterzubringen. So gab die Stadt der ersten deutschen Demokratie ihren Namen.

Doch die Weimarer Republik stand unter keinem guten Stern. Was ihr fehlte, war das Vertrauen darin, dass eine Demokratie als Regierungsform überhaupt funktioniert. Nach Jahrhunderten der Monarchie fühlte es sich für viele an wie ein Experiment. Mit der Wirtschaftskrise ab 1929 kam eine weitere Belastung hinzu: Millionen von Menschen suchten auf einmal nach Arbeit. Auf den Straßen tobten Kämpfe zwischen Nationalsozialisten und Kommunisten.

Auf der Suche nach einfachen Lösungen wählten immer mehr Menschen Parteien am politischen Rand. In Zeiten von Krisen wuchs bei vielen die Überzeugung, es brauche einen »starken Mann«. Mehr als ein Drittel der Wählerinnen und Wähler stimmte bei den Reichstagswahlen 1930 für Parteien, die die parlamentarische Demokratie abschaffen wollten.[59] Zwei Jahre später waren es mehr als die Hälfte. Die Demokratie hatte nicht mehr genügend Menschen hinter sich, die sie stützten. Mit dem Machtantritt der Nationalsozialisten unter Adolf Hitler 1933 scheiterte der erste große Versuch einer deutschen Demokratie auf brutale Weise. Er hatte nicht mal 14 Jahre gehalten.

Die Diktatur hatte vorerst nicht nur in Deutschland gewonnen. In Italien herrschte ab 1922 eine faschistische Partei, in Spanien ab 1936 ein General, der sich an die Macht geputscht hatte. Einen Militärputsch gab es 1926 auch in Polen. In Frankreich fanden zwar Straßenschlachten mit und zwischen Gegnern des Parlamentarismus statt. Die Demokratie hielt aber den Angriffen stand – bis die Deutschen 1940 in Frankreich einfielen.

Ende der 1940er war **Europa** ein vom Krieg zerstörter und verarmter Flecken Erde. Wie sollte man verhindern, dass erneut ein Weltkrieg den Kontinent ins Elend stürzt? Inmitten der Trümmerwüste entstand die Idee, Deutschland und Frankreich in wirtschaftlichen Bereichen, die für die Kriegsindustrie wichtig sind, zu verflechten. Die Idee: Wenn es eine gemeinsame Kontrolle über die Kohle- und Stahlindustrie gibt, kann keiner mehr ohne den anderen Krieg führen.

Mit der Gründung der Europäischen Gemeinschaft für Kohle und Stahl (EGKS) begann 1951 die europäische Integration. Aus ihr entstand die Europäische Wirtschaftsgemeinschaft, später die Europäische Union. Schritt für Schritt gaben die Mitgliedsstaaten einen Teil ihrer Macht an die europäische Ebene ab. Dass Trinkwasser europaweit sauber sein muss und wir im EU-Ausland ohne Zusatzkosten telefonieren können – all das wurde oder wird mittlerweile von der Europäischen Union entschieden.[60]

In Brüssel und Straßburg werden nun schon seit Jahrzehnten Gesetze verhandelt und beschlossen, die für die rund 450 Millionen Menschen in der EU gelten. Aus sechs Mitgliedern der ersten Stunde wurden bis heute 27 Länder. Wenn alle fünf Jahre das Europäische Parlament direkt gewählt wird, sind das – nach der indischen – die zweitgrößten Parlamentswahlen der Welt.

Gerade für die Länder Mittel- und Osteuropas, lange kommunistisch regiert, bedeutete der EU-Beitritt nach dem Zusammenbruch der Sowjetunion und dem Fall des Eisernen Vorhangs einen gewaltigen Schritt in die Zukunft. Vor der großen EU-Osterweiterung im Jahr 2004 musste jedes Land nachweisen, ein gewisses Niveau an Demokratisierung erreicht zu haben.

Der Weg zurück zur Demokratie

Im Mai 1945 besiegten die Alliierten die deutsche Diktatur, nach zwölf unsagbar zerstörerischen Jahren. Zweimal hatte Deutschland einen Krieg geführt, der Millionen Menschen das Leben kostete, dazwischen eine Demokratie scheitern lassen. Nicht nur für die Amerikaner sah es aus, als bräuchte Deutschland Nachhilfe in Demokratie. Die wollten sie ihnen liefern.

Nach dem Krieg begannen die amerikanischen Besatzer deshalb mit einem Programm, das sie »Re-Education« nannten: die Umerziehung zur Demokratie.[61] Sie glaubten, dass das alte Denken in Deutschland zum Krieg geführt hatte: Wer zum Gehorsam erzogen wird, eignet sich gut zum Untertanen – aber nicht zum mündigen Bürger einer Demokratie.

John Dewey, ein amerikanischer Pädagoge und Philosoph, hatte schon 1916 ein Gegenrezept entworfen. »Demokratie ist mehr als eine Regierungsform«, schrieb Dewey, »sie ist in erster Linie eine Form des Zusammenlebens, der gemeinsamen und miteinander geteilten Erfahrung.«[62] Deweys Ideen haben wir es zu verdanken, dass nach 1945 Schülervertretungen eingerichtet wurden. Schon als Jugendliche sollten die Deutschen lernen, wie Demokratie gelebt wird. Nicht nur an der Wahlurne, sondern jeden Tag.

Das klappte am Anfang nur so mittelgut. Das Erbe von zwölf Jahren Nazi-Herrschaft und auch der Kaiserzeit spukte noch in vielen Köpfen herum. Seit Mitte der 1960er-Jahre demonstrierten deshalb Tausende für eine freiere Gesellschaft, vor allem Studierende. Nicht nur in Deutschland, auch in den USA, Frankreich, Polen und der damaligen Tschechoslowakei gingen Menschen auf die Straße. Im Jahr 1968, das der Bewegung ihren Namen gab, protestierten auch Lehrlinge für mehr Mitbestimmung.[63] Die Auszubildenden wollten von ihren Meistern nicht mehr ausgebeutet werden. In der Probezeit durften sie damals ohne Angabe von Gründen entlassen werden. Und in Schulen? Da galten Schülerinnen und Schüler in den Augen vieler immer noch als bloße Wissensempfänger, trotz »Re-Education«.[64]

Die Ziele der »68er« waren nicht alle lupenrein demokratisch. Auch in den Debatten der Studierenden rangen Diktatur und Demokratie miteinander. Viele glaubten an Reformen durch den Stimmzettel, andere an die Revolution mit der Gewehrkugel. Einige der Studierenden waren radikal, manche auch naiv. Zum Glück fanden Mitglieder der radikalen Gruppen später zurück zur Demokratie. Wie zum Beispiel Winfried Kretschmann, der heutige grüne Ministerpräsident von Baden-Württemberg: Er verehrte früher den chinesischen Diktator Mao Zedong.[65]

Auch während des Kalten Krieges von 1947 bis 1991 standen sich eine Diktatur (die Sowjetunion) und eine Demokratie (die USA) gegenüber. Ungeachtet ihrer eigenen politischen Systeme unterstützten sie in einigen Ländern auch Diktatoren, etwa mit Waffen. Diktaturen kann man mit Bomben beenden, aber Demokratien nicht damit aufbauen. In Afghanistan, wo die Taliban erst besiegt wurden und dann wiederkamen, sind Demokratien erst kürzlich damit gescheitert, ihre Regierungsform zu exportieren.

Als 1989 die Berliner Mauer fiel, bedeutete das auch das

Ende des sogenannten Ostblocks. Eine nach der anderen fielen die kommunistischen Diktaturen im Osten Europas in sich zusammen. 1992, nach Ende des Kalten Krieges, schrieb der amerikanische Politikwissenschaftler Francis Fukuyama sogar ein Buch über das »Ende der Geschichte«. Er glaubte, dass sich die Idee der liberalen Demokratie durchgesetzt habe. Tatsächlich stieg die Zahl der Demokratien weltweit zu Beginn der 2000er-Jahre auf einen historischen Höchststand.[66] Nur leider blieb es dabei nicht.

In den vergangenen Jahren gerieten Demokratien wieder stärker unter Beschuss, zuletzt auch ganz wörtlich. 2022 überfiel Russland sein Nachbarland, die Ukraine. Mitten in Europa kämpft nun eine Demokratie um ihre Existenz. In anderen europäischen Staaten wie Ungarn und Polen versuchten unterdessen demokratisch gewählte Regierungen, Grundpfeiler der Demokratie – vor allem die unabhängige Justiz und die Medien – zu beschädigen.

Seit Langem wird der Kampf um die Demokratie auch im Internet geführt, mit Online-Fakes und Troll-Armeen. Das Internet hat unsere Öffentlichkeit globalisiert. Für einen Menschen im 20. Jahrhundert wäre das so, als könnte ein Argentinier von seinem Haus in Buenos Aires aus Hunderte Fake-Wahlplakate in einem schwedischen Dorf aufhängen.

Doch dieselbe Technologie kann, richtig genutzt, die Demokratie auch enorm fördern. Das Internet macht Wissen kostenlos und blitzschnell zugänglich, es ermöglicht Kommunikation über Grenzen hinweg.

Rund 2500 Jahre nach den Wahlmaschinen im antiken Athen bekommen Demokratien auch wieder technische Hilfe von (digitalen) Automaten. Der Wahl-O-Mat, ein Service der Bundeszentrale für politische Bildung, funktioniert wie eine Quiz-Maschine: Er stellt uns ein paar Dutzend Fragen und berechnet dann, welche Partei am besten zu uns passt. Mit den Jahren wurde das Programm immer beliebter. 21,3 Millionen Mal wurde der Wahl-O-Mat zur Bundestagswahl 2021 benutzt.[67]

Und auch das Losverfahren ist wieder im Trend: Ein Bürgerrat aus 160 ausgelosten Mitgliedern empfahl erst kürzlich der Bundesregierung Maßnahmen, um die Ernährung in Deutschland zu verbessern. Diese Form von Losdemokratie existiert schon seit mehreren Jahren in Deutschland, etwa zu Themen wie der Verkehrswende, Klimaschutz oder künstlicher Intelligenz.[68]

Das Grundgesetz

Nach dem Zweiten Weltkrieg war den Deutschen klar: Aus den Trümmern der Demokratie musste etwas Neues gebaut werden. Die Weimarer Republik, die erste deutsche Demokratie, hatte sich nach Ende des Ersten Weltkrieges als nicht stabil erwiesen. Ab 1933 hatten die Nationalsozialisten das demokratische Deutschland in eine Diktatur verwandelt. Unter den Nazis war das Leben des Einzelnen nichts mehr wert. Alles hatte sich dem Willen des »Führers« unterzuordnen.

Die Autorinnen und Autoren des Grundgesetzes wollten dem etwas entgegensetzen und dafür sorgen, dass eine Verfassung die Demokratie stärker schützt. 1949 verabschiedete der sogenannte Parlamentarische Rat in Bonn eine Verfassung, die eigentlich nur vorläufig gelten sollte. »Der Staat ist um des Menschen willen da, nicht der Mensch um des Staates willen«: So lautete der erste Satz im Entwurf.[69] Es war die Lehre aus zwölf Jahren Gewaltherrschaft unter den Nazis.

In anderen Ländern beginnen Verfassungen oft damit, dass der Aufbau des Staates beschrieben wird. Gleich in den ersten Artikeln geht es um die Zahl der Streifen auf der Flagge oder um die Strophen der Nationalhymne. Die deutsche Verfassung, das Grundgesetz, ist anders gestrickt. Fast alle der ersten 19 Artikel zählen auf, welche Grundrechte die Menschen in Deutschland genießen. Das Grundgesetz beginnt also mit dem Menschen, nicht dem Staat.

Diese ersten Artikel lesen sich wie Bollwerke gegen das, was im »Dritten Reich« passiert war. Nie wieder sollten Grundrechte für eine Gruppe von Menschen abgeschafft werden können (Artikel 1). Nie wieder sollte ein Parlament sich selbst entmachten können, so wie der Reichstag mit dem Ermächtigungsgesetz 1933 (Artikel 20). Nie wieder sollte Menschen einfach so die Staatsbürgerschaft entzogen werden können, so wie Jüdinnen und Juden oder Oppositionellen nach 1933 (Artikel 16).

Statt für den Krieg rüsteten die Mütter und Väter des Grundgesetzes also die Demokratie auf. Wie ein Schutzpanzer sollte die neue Verfassung für das politische System der Bundesrepublik sein. Der erste Satz aus dem Entwurf hat es zwar letztlich nicht ins Grundgesetz geschafft. Dafür beginnt es mit dem berühmt gewordenen Satz: »Die Würde des Menschen ist unantastbar.«

Gleich acht Mal ist im Grundgesetz von der »freiheitlichen demokratischen Grundordnung« die Rede. Wirklich definiert wird das im Grundgesetz nicht. Aber dafür hat das Bundesverfassungsgericht zuletzt 2017 erklärt, was damit gemeint ist: Der Staat ist an seine eigenen Gesetze gebunden (Artikel 20), die Würde des Menschen ist unantastbar, und die Menschenrechte müssen das Fundament staatlichen Handelns bilden (Artikel 1). Auch die Gewaltenteilung darf nicht aufgehoben werden. [70]

Der Begriff »freiheitliche demokratische Grundordnung« beschreibt also die deutsche Version einer liberalen Demokratie. Demokratie, weil die staatliche Macht vom Volk ausgeht, und liberal, weil im Rechtsstaat die Bürgerinnen und Bürger gleiche Rechte haben und in ihrer Freiheit vor staatlicher Willkür geschützt sind.[71]

Die meisten Artikel des Grundgesetzes können übrigens geändert werden, wenn zwei Drittel der Mitglieder des Bundestages und des Bundesrats zustimmen.[72] Die wichtigsten Artikel sind hingegen doppelt geschützt, durch die sogenannte Ewigkeitsgarantie in Artikel 79.[73] Niemand darf zum Beispiel die Artikel 1 und 20 im Grundsatz ändern, auch nicht mit Zweidrittel-Mehrheit.

Damit soll verhindert werden, dass eine Mehrheit von Wählerinnen und Wählern anderen Menschen ganz allgemein Grundrechte abspricht, etwa das Recht auf Meinungsfreiheit, die Religionsfreiheit oder sogar das Recht auf Leben. Das ist auch der Grund, warum 1949 mit dem Grundgesetz die Todesstrafe in Deutschland abgeschafft wurde – zumindest in der Bundesrepublik. In der DDR wurde noch 1981 nach einem Unrechtsurteil ein Mann hingerichtet.[74]

Mit dem Grundgesetz wollte man auch noch weitere Fehler der Weimarer Verfassung korrigieren. Der Präsident sollte zum Beispiel nicht mehr so mächtig sein wie einst Reichspräsident Paul von Hindenburg, der 1933 Hitler zum Reichskanzler ernannte. Heute hat der Präsident vor allem eine repräsentative Funktion. Er wird auch nicht mehr direkt gewählt, sondern durch die Bundesversammlung. Sie besteht aus allen Mitgliedern des Bundestages und einer gleichen Zahl von Mitgliedern, die von den Landesparlamenten bestimmt werden.

Die Bundesländer sollten weitgehende Rechte erhalten und sich gegen zu viel Macht des Bundes wehren können. Dieses Prinzip nennt man Föderalismus. Für Schulen, Universitäten und die Polizei sind die Bundesländer zuständig. Sie können nicht nur eigene Landesgesetze erlassen, sie haben auch – über den Bundesrat – ein Mitspracherecht bei Bundesgesetzen.

Ein wichtiger Artikel im Grundgesetz richtet sich übrigens nicht an Deutsche. Es ist das Recht auf Asyl (Artikel 16a). Auch das war eine Lehre aus dem »Dritten Reich«. Die Nationalsozialisten hatten Hunderttausende Deutsche zur Flucht gezwungen, darunter viele Jüdinnen und Juden. Ab 1938 wollte sie kaum noch ein Land aufnehmen. Für viele Flüchtende waren fast alle Grenzen dicht. Das neue Deutschland garantierte deshalb im Prinzip jedem politisch Verfolgten, der nach Deutschland kommt, Asyl.

Gesichter der Demokratie: ***Lucien Tharradin*** *(Frankreich)*

1904–1957

Es war im Herbst 1943, mitten in der Nacht, als die Gestapo kam und Lucien Tharradin gefangen nahm. Noch am Tag hatte der Franzose gegen die deutschen Besatzer gekämpft. Eigentlich arbeitete er als Lehrer in einer Berufsschule. Doch weil die Nazis Frankreich besetzt hatten, schloss er sich dem Widerstand an. Zusammen mit seinen Mitkämpfern sabotierte er Industrieanlagen an der Grenze zur Schweiz.

Nach seiner Festnahme wurde Tharradin von den Nazis verhört und, einige Monate später, ins Konzentrationslager Buchenwald deportiert.[75] Die Wachmänner zwangen dort die Häftlinge zur Arbeit unter menschenverachtenden Bedingungen. Viele starben an Erschöpfung, Hunger, Krankheiten oder wurden erschossen. Neun von zehn derer, die mit ihm gefangen genommen wurden, überlebten Buchenwald nicht, berichtete Tharradin später.[76] Im April 1945 befreiten US-amerikanische Truppen das Lager.

Nach dem Krieg wurde Tharradin Bürgermeister von Montbéliard, einer Kleinstadt mit malerischem Schloss auf einem Hügel unweit der deutschen Grenze.[77] Bei einer Konferenz im Jahr 1950 lernte Tharradin den Bürgermeister der deutschen Stadt Ludwigsburg kennen, Elmar Doch. Die beiden verstanden sich gut und vereinbarten, in Kontakt zu bleiben.[78] Tharradin besuchte Ludwigsburg,

Doch fuhr nach Montbéliard.[79] Wie so oft war es dann der Sport, der Brücken schlug: Erstmals nach dem Krieg spielte eine französische Jugend-Fußballmannschaft[80] wieder in Deutschland – in Ludwigsburg.[81]

Es war ein großes Wagnis, das Tharradin damals einging. Das Misstrauen in Frankreich gegenüber den Deutschen war groß, nach zwei Weltkriegen mit Millionen von Toten. Aber der KZ-Überlebende Tharradin sah den Demokraten in seinem deutschen Amtskollegen Doch. Einen, der ein anderes, friedliches Deutschland aufbauen wollte. In einem Artikel fand Tharradin bewegende Worte über seine Treffen mit deutschen Politikern. Sie wagten es, schrieb er, »sich ohne Hass anzuschauen«, denn: »Auf Hass kann man nichts aufbauen.«[82]

Statt auf Hass bauten die beiden Männer auf Vertrauen. Mit ihrem Austausch legten Tharradin und Doch den Grundstein für die erste Städtepartnerschaft zwischen einer deutschen und einer französischen Gemeinde. Tharradin erlebte die Verwirklichung seiner Idee leider nicht mehr. Er starb 1957, wenige Jahre bevor die Verbindung zwischen Ludwigsburg und Montbéliard 1962 offiziell besiegelt wurde.

Heute gibt es mehr als 2000 deutsch-französische Städtepartnerschaften.[83] Schülergruppen besuchen sich gegenseitig, Orchester und Bands spielen in Konzertsälen der jeweils anderen Stadt. Zu Tharradins Ehren vergeben Ludwigsburg und Montbéliard jährlich den Lucien-Tharradin-Preis – für Jugendliche, die sich für Frieden, demokratische Werte sowie für den sozialen und globalen Zusammenhalt einsetzen.[84]

KAPITEL 4

Die Macht der drei Gewalten: Wie eine Demokratie aufgebaut ist

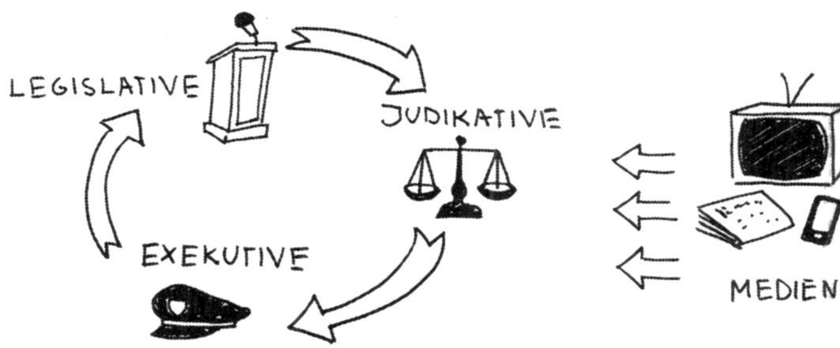

Exekutive: Die ausführende Gewalt

Kanzler-Wahl

Würde man Leute auf der Straße fragen, wen oder was sie bei der Bundestagswahl wählen, dann würden wohl manche sagen: den Kanzler. Das stimmt aber nicht ganz. Am Tag der Bundestagswahl bestimmen wir, welche Parteien mit welchen Abgeordneten in den Bundestag einziehen. Die Parteispitzen setzen sich nach der Bekanntgabe des endgültigen Wahlergebnisses zusammen und prüfen, wer mit wem am besten zusammenarbeiten kann. Das nennt man Koalitionsverhandlungen. Sobald sie sich einig sind, bilden sie eine Regierungskoalition und schließen einen Koalitionsvertrag. Darin schreiben sie das Regierungsprogramm bis zur nächsten Bundestagswahl fest.

Erst wenn sich eine Koalition gefunden hat, wählt das Parlament den Bundeskanzler. Das ist ein kleiner, aber nicht ganz unwichtiger Unterschied. Denn damit haben wir nur indirekt Einfluss darauf, wer Kanzler oder Kanzlerin wird.

Kanzler-Abwahl

In der Weimarer Republik konnte ein Kanzler mitten in der Amtszeit vom Parlament abgewählt werden, ohne dass die Abgeordneten einen neuen ernennen mussten.[85] Das stürzte die Regierung natürlich in eine Krise. Für kurze Zeit war der Staat damit handlungsunfähig.

Den Autorinnen und Autoren des Grundgesetzes war diese Regelung zu destruktiv. Sie wollten es besser machen – und entwarfen das »konstruktive Misstrauensvotum«. Die Opposition im Bundestag kann einen Kanzler nur abwählen, wenn sie gleichzeitig einen Nachfolger wählt.

In der Geschichte der Bundesrepublik ist das bisher erst einmal passiert. Bei der Wahl 1980 erhielten SPD und FDP eine Mehrheit. Zum Kanzler wählten sie Helmut Schmidt von der SPD. Zwei Jahre später aber wechselten viele Abgeordnete aus der FDP die Seiten. Sie wollten mit der CDU/CSU koalieren, weil sie mehr Übereinstimmungen mit der Union sahen. Als rechnerisch genügend Stimmen zusammenkamen, beantragte die Opposition ein konstruktives Misstrauensvotum. Bei der Abstimmung bekam dann Helmut Kohl (CDU) die meisten Stimmen im Bundestag und wurde zum neuen Kanzler der Bundesrepublik.

Die Arbeit im Kabinett

Eine Bundeskanzlerin kann übrigens gleichzeitig auch Bundestagsabgeordnete sein, genauso wie die Ministerinnen und Minister. Das klingt ja erst einmal nicht nach strenger Trennung der Gewalten. Tatsächlich spricht man in Deutschland auch oft von Gewaltenverschränkung.[86]

Die Legislative und die Exekutive sollen sich natürlich gegenseitig kontrollieren. Im Bundestag arbeiten sie aber auch zusammen. Zum Beispiel kommen die meisten Vorschläge für neue Gesetze aus den Ministerien, nicht von den Abgeordneten.[87] In den Ministerien sitzen Expertinnen und Experten, die tagaus, tagein nichts anderes machen, als sich mit Wirtschaft, Klimaschutz oder dem Rentensystem zu beschäftigen. Logisch, dass die auch immer wieder Ideen haben, wie man es besser oder zumindest anders machen könnte.

Während die Ministerinnen und Minister an Gesetzen arbeiten, hat der Kanzler in Deutschland das Recht, die Linie der Politik vorzugeben. Der Fachausdruck dafür ist **Richtlinienkompetenz**. Im Kabinett, in dem alle Ministerinnen und Minister an einem Tisch sitzen, kann es schon mal zu Unstimmigkeiten kommen. Der Kanzler hat dann im Zweifel das letzte Wort.[88] Bei der Frage, wie lange Atomkraftwerke in Deutschland noch Strom produzieren dürfen, hat Kanzler Olaf Scholz dieses Privileg genutzt.[89]

Die öffentliche Verwaltung

Die Exekutive ist aber nicht nur das, was im Kanzleramt oder den Ministerien stattfindet. Die ausführende Gewalt ist der Teil des Staates, mit dem wir im Alltag am häufigsten zu tun haben. Die Polizistin auf der Straße, der Ortsbürgermeister eines Dorfes, die Fahrerlaubnisbehörde oder das Finanzamt: Sie alle gehören zur Exekutive und führen die Gesetze aus.[90]

Aber was genau bedeutet eigentlich »ausführen«? Das lässt sich am Beispiel des Heizungsgesetzes erklären, das im Herbst 2023 in Berlin beschlossen wurde. Es besagt, dass ab 2024 Heizungen in Neubauten zu etwa zwei Dritteln mit erneuerbaren Energien laufen müssen.[91] Natürlich schaut der Kanzler nicht persönlich in den Häusern vorbei und guckt nach, ob alles korrekt ist. Auch der Wirtschaftsminister und die Bauministerin prüfen die Heizungen nicht selbst.

Für die Umsetzung solcher Gesetze im Alltag sind Behörden zuständig. Welche das sind, hängt stark vom Thema ab. Beim Heizungsgesetz ist das die sogenannte Bauaufsichtsbehörde in der Stadt oder dem Landkreis.[92] Sie prüft, ob bei Neubauten die Anforderungen des Gesetzes eingehalten werden. Falls nicht, können Behörden auch Bußgelder verhängen.[93]

Im Straßenverkehr spielen wieder andere Behörden und Organisationen eine Rolle. Dass Autos auch wirklich fahren können, überwachen staatlich anerkannte Prüforganisationen wie der TÜV.[94] Auch die Statik von Brücken wird vom TÜV und anderen überprüft.[95] Und die Autobahnpolizei sorgt dafür, dass sich alle Verkehrsteilnehmenden an die Vorschriften halten.[96]

Staatliches Gewaltmonopol

Die Polizei hat eine Sonderrolle in der Exekutive. Das liegt am sogenannten staatlichen Gewaltmonopol. In einer Demokratie darf Gewalt kein Mittel sein, um politische oder zwischenmenschliche Konflikte auszutragen. Normale Bürgerinnen und Bürger dürfen also nicht Selbstjustiz üben. Nur der Polizei ist es erlaubt, Gewalt anzuwenden, zur Not sogar zu schießen.

Sobald ein Polizist seine Waffe einsetzt und einen Menschen damit verletzt, ermittelt die Polizei gegen ihn.[97] Das passiert ganz automatisch und unabhängig davon, ob er in Notwehr gehandelt hat, einen Bankräuber an der Flucht hindern oder jemand anderen schützen wollte.[98] Aus Gründen der Neutralität ermitteln nicht die Kolleginnen und Kollegen des Schützen, sondern die Polizei einer anderen Stadt.[99] Menschenrechtsorganisationen und Medien kritisieren jedoch, dass sich Polizisten mit ihren Aussagen manchmal gegenseitig schützen und Ermittlungen so erschwert werden.[100] Denn für alle Mitglieder der Exekutive sollte ja gelten: Bei ausnahmslos jeder Handlung müssen sie sich an Gesetze halten.

In **Parteien** schließen sich Menschen zusammen, die politisch ähnliche Überzeugungen haben. Damit erleichtern sie es Wahlberechtigten, die jeweiligen Kandidatinnen und Kandidaten schnell politisch einzuordnen. Ohne Parteien wäre es auch sehr schwer, Mehrheiten im Parlament zu finden.

Parteien sind eine Demokratie im Kleinformat. Es gibt Ortsverbände, Kreisverbände, Landesverbände, es wird gewählt und abgewählt und um Positionen gestritten.[101] Die Vorsitzenden werden oft von Delegierten auf Parteitagen gewählt[102], manchmal aber auch von allen Mitgliedern der Partei, der sogenannten Parteibasis.[103] Das nennt man dann Basisdemokratie.[104]

In vielen Demokratien der Welt sitzen in den Parlamenten:

- konservative Parteien, die die innere Sicherheit betonen;
- liberale Parteien, die sich für wirtschaftliche Freiheit einsetzen;
- linke und sozialdemokratische Parteien, die den Schwerpunkt auf soziale Gerechtigkeit legen;
- ökologische Parteien, deren wichtigstes Thema der Klima- und Umweltschutz ist;
- rechtspopulistische bis rechtsextreme Parteien, die gegen Migration kämpfen;
- linke bis linksextreme Parteien, die sich für eine Abschaffung des Kapitalismus einsetzen.

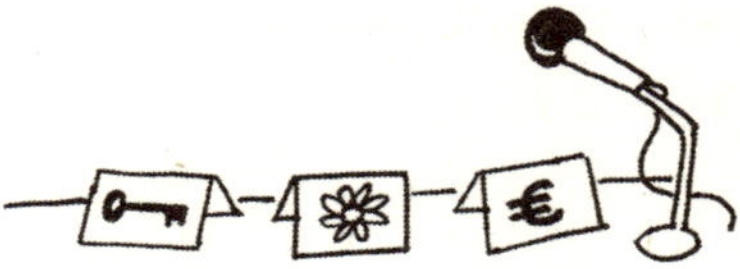

Das höchste Amt im Staat

Auch als Staatsoberhaupt mussten sich die deutschen Bundespräsidenten ziemlich viel Unschmeichelhaftes anhören. »Grüßaugust«[105] wurden sie schon genannt.[106] Auch als »Ersatzkönig« wurden sie bezeichnet.[107] In der Tat hat der Bundespräsident nicht so viel zu sagen wie sein Amtskollege in Frankreich oder den USA. Seine Aufgabe ist es, Deutschland als Ganzes zu repräsentieren, etwa auf Staatsbesuchen im Ausland. Er ernennt auch Ministerinnen und Minister und entlässt sie wieder, aber alles auf Vorschlag des Bundeskanzlers. Der Bundespräsident darf auch Häftlinge begnadigen, also ihre verbleibende Strafe aufheben. Außerdem prüft und unterzeichnet er neue Gesetze. Nur in sehr seltenen Fällen hat er so Neuregelungen verhindert, weil sie aus seiner Sicht nicht mit der Verfassung vereinbar waren.[108] Wichtiger als die Taten des Bundespräsidenten sind oft seine Worte: Seine Reden sollen Denkanstöße für die öffentliche Debatte geben. Als der damalige Bundespräsident Christian Wulff 2010 sagte, »der Islam gehört inzwischen auch zu Deutschland«, sorgte das für viele Diskussionen.[109]

Andere Länder, andere Systeme

Keine Demokratie gleicht der anderen. Parlamente machen Gesetze, Kanzlerinnen oder Präsidenten geben die politische Richtung vor: Das gilt für alle modernen Demokratien. In der Politikwissenschaft werden aber einige Grundmuster unterschieden:

Präsidialdemokratie: Die Präsidentin bestimmt die Politik des Landes. Oft ist sie Staatsoberhaupt und Regierungschefin in einer Person. Sowohl die Abgeordneten im Parlament als auch die Präsidenten werden direkt vom Volk gewählt. Präsidialdemokratien gibt es zum Beispiel in Frankreich und in den USA.[110]

Parlamentarische Demokratie: Das Parlament ist der zentrale Ort, an dem Politik gemacht wird. Regierungschef ist meist ein Kanzler oder ein Premierminister. Er wird nicht direkt vom Volk gewählt, sondern vom Parlament. Die Präsidentin als Staatsoberhaupt hat keine wichtige Funktion im politischen Alltag, sondern vor allem repräsentative Aufgaben. Typisch für eine parlamentarische Demokratie sind Deutschland und Österreich.[111]

Repräsentative Demokratie: In einem Parlament sitzen gewählte Abgeordnete, die stellvertretend für das Volk abstimmen und Gesetze erlassen. Die Bürgerinnen und Bürger werden also von ihren Abgeordneten repräsentiert. Praktisch alle heutigen Demokratien sind repräsentative Demokratien.[112]

Direkte Demokratie: Die Bürger stimmen selbst über Gesetze ab.[113] Eine reine direkte Demokratie gibt es derzeit in keinem Land der Welt. Die Schweiz gilt aber als Musterbeispiel für eine Mischform aus repräsentativer und direkter Demokratie. Das antike Athen wiederum war eine direkte Demokratie, hatte aber auch repräsentative Elemente.

Parlamentarische Monarchie: Eine Mischform aus Königreich und Demokratie, wie es sie zum Beispiel in Großbritannien[114] und Norwegen[115] gibt. Der Monarch greift fast nie in den politischen Alltag ein, denn die Macht liegt vor allem beim Parlament.

Direkte Demokratie: Das Beispiel Schweiz

Soll die Schweiz Kampfjets aus Schweden kaufen?[116] Soll das Land den Neubau von Minaretten verbieten, also von den Türmen an Moscheen?[117] Sollen Bauern, die Kühe mit Hörnern halten, mehr Geld vom Staat bekommen?[118] All das sind Fragen, die Schweizer Wahlberechtigte in den vergangenen Jahren beantworten mussten.

In der Schweiz gibt es nicht nur die üblichen Parlamentswahlen im gesamten Land, sondern auch Volksabstimmungen. Etwa drei Mal im Jahr werden die Schweizer Wahlberechtigten gefragt, ob sie Gesetzen oder Vorschlägen zustimmen oder ob sie sie ablehnen. Meist stehen gleich mehrere Gesetze oder Initiativen auf einmal zur Abstimmung.[119]

Alle Wahlberechtigten in der Schweiz können vorschlagen, die Verfassung zu ändern. Dafür müssen sie dann 100 000 Unterschriften sammeln.[120] Ist das geschafft, organisiert der Staat eine Volksabstimmung.

Auch über bereits beschlossene Gesetze können die Menschen in der Schweiz abstimmen. Die Frage nach den schwedischen Kampfflugzeugen war so ein Gesetz:[121] Die Regierung und das Parlament hatten sich dafür ausgesprochen, aber die Wählerinnen und Wähler waren dagegen.[122]

Diese Entscheidungen der Schweizer Bevölkerung sind rechtlich bindend. Das bedeutet, dass sich die Regierung und das Parlament an den Wunsch der Bevölkerung halten müssen – auch dann, wenn die Politik anderer Meinung ist.

Dieses Modell heißt direkte Demokratie, weil das Volk in manchen Fragen direkt entscheidet und nicht das Parlament in Vertretung für das Volk. In der Schweiz gibt es aber natürlich auch Parlamente, etwa auf Bundes- oder Kantonsebene. Das Land ist also eine Mischform aus direkter und repräsentativer Demokratie.[123]

Eine reine direkte Demokratie gibt es nirgends auf der Welt. In Deutschland werden in einer Wahlperiode, also innerhalb von vier Jahren, rund 500 Gesetze verabschiedet. Würden die Bürgerinnen und Bürger über alle diese Gesetze entscheiden, müsste in Deutschland an jedem dritten Tag eine Abstimmung stattfinden. Natürlich hätte niemand die Zeit, sich in alle Gesetzesvorlagen einzuarbeiten.[124]

Ist eine direkte Demokratie demokratischer? Darüber gehen die Meinungen auseinander. Einerseits können die Schweizerinnen und Schweizer häufiger über politische

Fragen selbst entscheiden. Sie können sich auch ganz konkret gegen neue Gesetze wehren, die sie nicht wollen.

Andererseits nehmen an den Volksentscheiden im Durchschnitt weniger als 50 Prozent der Wahlberechtigten teil.[125] Das macht die Abstimmungen natürlich nicht ungültig. Aber es zeigt, dass das Interesse an den einzelnen Entscheidungen nicht übermäßig groß ist. Bei allgemeinen Wahlen in der Schweiz geben deutlich weniger Menschen als im Rest Europas ihre Stimme ab: In der Schweiz geht im Schnitt nicht mal jeder Zweite zur Wahl.[126] In Deutschland und Österreich nehmen regelmäßig mehr als 70 Prozent der Wahlberechtigten an einer Wahl zum nationalen Parlament teil.[127]

Das häufige Abstimmen in der Schweiz ist auch recht aufwendig. Manchmal müssen sich die Wählerinnen und Wähler in Detailfragen einarbeiten – denn wer kennt sich schon mit Kampfflugzeugen aus? Volksabstimmungen bevorteilen deshalb Menschen mit viel Zeit und politischem Interesse, und das sind überdurchschnittlich oft Männer mit höherer Bildung.[128]

Menschen, die Macht haben, teilen sie auch nicht sonderlich gerne. Die Schweiz und auch Liechtenstein zeigen das sehr deutlich: In beiden Ländern spielt direkte Demokratie eine wichtige Rolle. Und in beiden Ländern haben die Männer in Volksabstimmungen lange dagegen gestimmt, Frauen das Wahlrecht zu geben.

In Deutschland sind solche Volksentscheide auf Bundesebene nicht vorgesehen. Das hat auch historische Gründe. Denn hier wirken noch die Erfahrungen aus der Nazi-Zeit nach.[129] Die Autorinnen und Autoren des Grundgesetzes misstrauten in gewisser Weise dem Volk. Die Sorge war, dass man in Zeiten der Not oder der Wut mit einer einzigen Volksabstimmung schwerwiegenden Schaden anrichtet, etwa weil einer Gruppe von Menschen Rechte abgesprochen werden. Diese Bedenken sind sogar älter als das Grundgesetz. Der französische Politikwissenschaftler Alexis de Tocqueville warnte schon vor knapp 200 Jahren vor einer »Tyrannei der Mehrheit«: Wenn eine Mehrheit allein nach ihren eigenen Interessen entscheidet, leide die Minderheit.[130] Deshalb müssen Minderheiten auch geschützt werden, denn die Mehrheit schützt sich schon selbst.

In einzelnen deutschen Bundesländern finden Volksentscheide aber statt. In Berlin stimmten die Wählerinnen und Wähler dafür, den Flughafen Tegel länger als geplant zu nutzen.[131] Die Politik muss sich allerdings nicht in allen Fällen nach dem Ausgang eines Volksentscheids richten. Trotz der Abstimmung hat die Stadt Berlin den Flughafen Tegel mittlerweile geschlossen.

*Gesichter der Demokratie: **Willy Brandt** (Deutschland) 1913–1992*

»Wir wollen mehr Demokratie wagen« – dieser Satz ist fest mit Willy Brandt verbunden. Nur viereinhalb Jahre lang war er Kanzler der Bundesrepublik, von 1969 bis 1974. Angela Merkel regierte fast vier Mal so lang. Trotzdem gilt Brandt als eine der prägenden Figuren der deutschen Demokratie im 20. Jahrhundert. Mehr Demokratie erforderte für ihn immer auch Mut. Warum das so ist, zeigt seine Lebensgeschichte.

Geboren wurde Brandt 1913 als Herbert Frahm in Lübeck. Schon als Schüler engagierte er sich in der Parteijugend der SPD, er ging demonstrieren und schrieb Artikel für eine sozialdemokratische Tageszeitung. »Halten Sie Ihren Sohn von der Politik fern«, warnte ein Lehrer seine Mutter. »Die Politik wird ihn ruinieren.«[132]

Als die Nazis an die Macht kamen, wollte er nicht mehr in Deutschland bleiben. Auf einem Fischerboot setzte er nach Dänemark über, floh dann nach Norwegen und später nach Schweden. 1938 bürgerten ihn die Nazis aus. Der spätere Bundeskanzler der Deutschen war also eine Zeit lang staatenlos.

Im Exil arbeitete er als Journalist. Seine Artikel unterzeichnete er mit dem Decknamen »Willy Brandt«. Den Namen behielt er bis an sein Lebensende. Nach dem Krieg kehrte er zurück, wurde erst Abgeordneter im Bundestag, dann Regierender Bürgermeister von Berlin. 1969 wählte ihn der Bundestag zum ersten Kanzler einer SPD-geführten Regierung. »Wir wollen mehr Demokratie wagen«, verkündete er in seiner ersten Regierungserklärung. Was das bedeutete? Brandt versprach, das Wahlalter auf 18 Jahre beziehungsweise 21 Jahre zu senken.[133] Bis dahin musste man 21 Jahre alt sein, um wählen zu können (aktives Wahlrecht), und 25 Jahre, um selbst in ein Amt gewählt zu werden (passives Wahlrecht).

Brandt wagte auch einen anderen Umgang mit der DDR. Als erster Kanzler besuchte Brandt 1970 das Nachbarland im Osten, ein halbes Jahr nach Amtsantritt. In Erfurt wurde er begeistert empfangen. Bis dahin wagten manche westdeutschen Politiker kaum, den Namen DDR auszusprechen. Das Land wurde einfach nicht als zweites Deutschland neben der Bundesrepublik anerkannt.

Sollte denn eine Demokratie mit einem Land wie der DDR kooperieren? Brandt glaubte, dass sich eine Diktatur verändern kann, wenn man die Situation der Menschen in ihr erleichtert. Mehr Austausch, weniger Abgrenzung war seine Devise. Der Handel zwischen beiden Ländern sollte die Lebensbedingungen auf beiden Seiten verbessern. »Wandel durch Annäherung« wurde dieser Ansatz genannt.[134]

Noch im selben Jahr fuhr Willy Brandt auch nach Polen, auch das hatte vor ihm noch kein Kanzler gewagt. In Warschau, der Hauptstadt, besuchte Brandt das Denkmal für den Aufstand des Warschauer Ghettos. Dort hatten die Nazis im Jahr 1943 den Aufstand der Juden im Ghetto niedergeschlagen. Am Mahnmal angekommen, sank Brandt auf die Knie. Das Bild eines deutschen Kanzlers auf Knien ging um die Welt.

Brandt nannte das später eine Bitte um Vergebung.[135] Dabei war er ja gar nicht in Deutschland – und auch kein Deutscher –, als die Nazis in Polen wüteten. Als Kanzler der Deutschen war er aber natürlich ein Repräsentant des ganzen Landes, auch seiner Geschichte. So wie er selbst einst nach Deutschland zurückgekehrt war, war Deutschland in den Kreis der Demokratien zurückgekehrt. 1971 erhielt Brandt für seinen Einsatz den Friedensnobelpreis.

Legislative: Die gesetzgebende Gewalt

Wer die deutsche Hauptstadt Berlin besucht und eine kostenlose Aussicht über die Stadt genießen will, muss zum Reichstag fahren. Mit dem Aufzug geht es hoch zur Kuppel. Von der obersten Etage des Parlamentsgebäudes führt ein Weg wie eine Spirale nach oben, an meterhohen Glasscheiben entlang. Schon während man den Weg hinaufläuft, ist die Aussicht fantastisch. Aber die Kuppel des Reichstages wurde nicht allein als Touristenattraktion gebaut. Dem Architekten ging es nicht nur um den Blick nach außen, sondern auch den nach innen.[136] Transparent sollte das Parlament sein, einsehbar für alle, die von seinen Entscheidungen betroffen sind.[137] Die gläserne Demokratie: Das war es, was die Kuppel auf dem Reichstag symbolisieren sollte.

Bestimmt hast du schon mal Bilder oder Videos von einer Debatte im Bundestag gesehen. Vorne am Pult steht der Redner oder die Rednerin. Vor ihnen sitzen die Stenografen, die alles protokollieren, was gesagt wird. Und gegenüber im Halbrund sitzen die anderen Abgeordneten. Aber vielleicht ist dir auch schon mal aufgefallen, dass bei einigen Debatten viele Stühle leer sind. Heißt das, dass viele Abgeordneten faul sind und nicht zur Arbeit erscheinen? Im Gegenteil!

Die Reihen sind nicht immer voll besetzt, weil der Bundestag eine Mischung aus Rede- und Arbeitsparlament ist. Das bedeutet, dass die meiste Arbeit gar nicht im großen Plenarsaal geleistet wird.[138] »Plenum« ist der lateinische Ausdruck für Vollversammlung. Dort wird diskutiert, dort werden Beschlüsse gefasst und Gesetze verabschiedet.

Vorbereitet werden diese Entscheidungen aber woanders: in den Ausschüssen, in den Fraktionen, in den Arbeitsgruppen, in Gesprächen mit Expertinnen und Betroffenen. Abgeordnete haben also mehrere Orte, an denen sie ihrer Tätigkeit nachgehen. Der große Saal im Reichstagsgebäude ist nur einer davon.

Zum Bundestag gehören Dutzende weitere Sitzungsräume und mehrere Tausend Büros im Herzen von Berlin, für Abgeordnete und ihre Mitarbeitenden, aber auch für die Bundestagsverwaltung. Es gibt eine eigene Parlamentsärztin, eine eigene Bundestagspolizei und mehrere Kantinen.

Die braucht es auch, denn insgesamt arbeiten im Bundestag rund 10 000 Menschen.[139] Man könnte auch sagen: Der Bundestag ist die demokratischste Kleinstadt Deutschlands.

Der Bundeskanzler mag das Gesicht der deutschen Politik sein. Das Parlament aber ist das Herz der Demokratie.[140] Hier werden Gesetze gemacht. Hier wird der Kanzler oder die Kanzlerin gewählt (und selten auch abgewählt). Hier wird im sogenannten Haushaltsausschuss entschieden, wofür unsere Steuergelder ausgegeben werden. Und alle fünf Jahre wird in diesem Gebäudekomplex auch der Bundespräsident gewählt.

Wie in vielen Staaten der Welt gibt es auch in Deutschland ein sogenanntes Zwei-Kammer-System. Hierzulande sind das der **Bundestag** und der **Bundesrat**. Im Bundestag sitzen gewählte Abgeordnete aus ganz Deutschland. Im Bundesrat hingegen kommen Vertreterinnen und Vertreter der Landesregierungen zusammen. Bundesländer mit größerer Bevölkerung haben auch mehr Sitze im Bundesrat. Viele Gesetze können in Deutschland nur beschlossen werden, wenn Bundestag und Bundesrat mehrheitlich zustimmen.

Die Woche eines Bundestagsabgeordneten

Um zu verstehen, wie der Bundestag arbeitet, folgen wir einfach einem fiktiven Durchschnittsabgeordneten durch eine Sitzungswoche. Im Mittel sind Abgeordnete des Bundestags 47 Jahre alt und männlich; Frauen machen nur ein gutes Drittel der Abgeordneten aus.[141] Die meisten Abgeordneten kommen aus Nordrhein-Westfalen, denn das ist das Bundesland mit der größten Bevölkerung. Und weil Müller der häufigste Nachname im Parlament ist und Matthias einer der häufigsten Vornamen, nennen wir unseren Durchschnittsabgeordneten einfach: Matthias Müller.[142] Er ist Mitglied der SPD und damit Teil der größten Fraktion im Bundestag. Sein Fachgebiet: die Außenpolitik, besonders die Länder auf dem westlichen Balkan, also zum Beispiel Serbien und das Kosovo.

Das Arbeitsjahr eines Bundestagsabgeordneten organisiert sich abwechselnd in **Sitzungswochen** und **Wahlkreiswochen**. In Sitzungswochen tagt das Parlament, die Abgeordneten kommen nach Berlin in den Bundestag. In Wahlkreiswochen nehmen die Abgeordneten Termine in ihrem Wahlkreis wahr.

Montag: Der Planungs- und Vorbereitungstag

Am Montagmorgen um kurz nach 6 Uhr setzt sich Matthias Müller in den Zug und fährt nach Berlin. Während er am ersten Kaffee des Tages nippt, liest er die wichtigsten Nachrichten. Er checkt seine Mails, schaut in seinen Terminkalender für die Woche und liest seine Unterlagen. So eine Abgeordnetenwoche will gut vorbereitet sein, und gleich steht seine Bürobesprechung an. Was ist zu erledigen? Welche Rede muss vorbereitet werden? Welche Interview-Anfrage nimmt er an, welchen Abendtermin sagt er ab? Wann trifft er wen zu einem Gespräch? Und welche Anträge und Gesetzesentwürfe stehen in dieser Woche zur Debatte?

Um 11 Uhr kommt Müller in seinem Berliner Büro an und setzt sich gleich mit seinen Mitarbeitenden zusammen. Ohne sie könnte ein Abgeordneter nicht arbeiten. Nicht nur, dass er Hunderte Mails und Dutzende Anrufe am Tag bekommt, er hält Reden im Plenum und auf Konferenzen, gibt Interviews und schreibt hin und wieder Artikel für Zeitungen. Vor allem aber setzt er sich mit Gesetzesentwürfen und Anträgen auseinander. Für all das ist er auf die Unterstützung seiner Mitarbeitenden angewiesen. Sie sind die Expertinnen, Ratgeber und Helfer hinter den Kulissen. Sie schreiben Entwürfe für Reden und unterbreiten dem Abgeordneten immer wieder neue Ideen, die er politisch umsetzen könnte.

In den Mails, die Matthias Müller und sein Team jede Woche bekommen, geht es leider nicht immer nur um Politik. Oft werden sie auch beschimpft, beleidigt und manchmal auch bedroht. In den Kommentaren auf seinen

Social-Media-Accounts sieht es nicht anders aus. Müllers Kolleginnen erhalten auch E-Mails, in denen sich Menschen über ihr Äußeres auslassen, über ihre Kleidung, ihre Körperform, ihr Make-up. Auch das gehört leider zum Alltag von Abgeordneten in Deutschland. Jeder geht anders damit um. Kommentare auf Instagram und Facebook kann man löschen, Replies auf X auf unsichtbar schalten. Die übelsten Beleidigungen und Drohungen leitet Müller jedoch an die Staatsanwaltschaft weiter.[143]

Nach einem Tag mit viel Planung und Vorbereitung ist Müller am Abend noch auf eine Podiumsdiskussion eingeladen. Das Thema: die EU-Erweiterungspolitik. Gegen 21 Uhr geht der erste Arbeitstag der Woche für ihn zu Ende.

Dienstag: Ein Tag in der Fraktion

Den Dienstag verbringt Müller unter seinen Parteikolleginnen und -kollegen. Am Vormittag geht es erst in die Arbeitsgruppen: Dort kommen alle Abgeordneten derselben Partei zusammen, die sich mit ähnlichen Themen beschäftigen, in Müllers Fall also die Außenpolitik. Am Nachmittag nimmt Müller dann den Fahrstuhl, hinauf zum Sitzungssaal seiner Fraktion, wo sich alle Abgeordneten seiner Partei treffen, die im Bundestag sitzen.

Bei der SPD versammeln sich dann mehr als 200 Abgeordnete im Sitzungsraum, in anderen Parteien entsprechend weniger. Gar nicht so einfach, eine so große Gruppe zu organisieren! Die Abgeordneten besprechen die aktuelle Lage und bereiten die Plenarwoche vor. Sie diskutieren und beschließen die Anträge und Gesetzesentwürfe, die in dieser Woche vom Bundestag verabschiedet werden sollen. Sie überlegen, welche Position sie als Fraktion zu welchem Thema einnehmen wollen. Und sie entscheiden, wer zu welchem Thema für die Fraktion im Plenarsaal reden wird.

In so einer Fraktion kann es schon mal richtig krachen. Nur weil 200 Menschen derselben Partei angehören, haben sie ja nicht zu allem dieselbe Meinung. Das wissen alle, die schon mal für eine größere Gruppe irgendetwas organisiert haben. Und ob bei der Linken, der AfD oder der SPD: Manche Themen sind strittig. Als Abgeordneter will Müller einerseits die Linie seiner Partei unterstützen. Andererseits kann er vielleicht manches nicht mittragen, weil er einfach anderer Meinung ist.

Deshalb gibt es die sogenannte Fraktionsdisziplin. Gemeint ist damit, dass alle Abgeordneten einer Fraktion im Prinzip gleich abstimmen sollten. Gerade dann, wenn die Regierungsparteien nur eine dünne Mehrheit haben. Um Gesetze zu verabschieden, muss sich eine Fraktion ja der Stimmen ihrer Mitglieder sicher sein.

Bei Abstimmungen außerhalb seines Fachgebietes richtet sich Müller in der Regel nach der Empfehlung seiner Kolleginnen und Kollegen in der Fraktion. Wenn es aber um Gesetze zu den großen Entscheidungen im Leben geht, können Abgeordnete allein ihrer inneren Stimme folgen. Es heißt dann, diese Abstimmung sei »freigegeben«.[144] Das war bei Abstimmungen zur Sterbehilfe so oder bei der Ehe für alle.

Abends, nach der Fraktionssitzung, ist dann nur noch Zeit für zwei kurze Videos. Müller filmt ein Instagram-Reel für seinen Abgeordneten-Account. Er erklärt, worum es am Donnerstag bei der Debatte im Plenum geht und welche Position er in seiner Rede einnehmen wird. Im Auto facetimt er dann noch mit seiner 12-jährigen Tochter. Wie viele Bundestagsabgeordnete hat auch Müller Kinder.[145] Doch in Sitzungswochen – oder während seiner Reisen – sieht er sie von Montag bis Freitag nur auf dem Bildschirm. Schließlich beantwortet Müller noch ein paar E-Mails, die tagsüber aufgelaufen sind. Und dann bekommt er noch einen Anruf aus dem Wahlkreis, weil es Ärger um eine neue ICE-Strecke gibt.

Mittwoch: Ein Tag im Motor der Republik

Am Mittwochmorgen geht es für Müller in den Motorraum der Demokratie. Im Zentrum von Berlin, direkt gegenüber vom Bundeskanzleramt, liegt das Paul-Löbe-Haus. Von innen sieht das Gebäude ein bisschen so aus wie ein großer Motor. Wie riesige Zylinder ragen die Säle in die Höhe, in denen Müller heute viele Stunden verbringen wird.

Im Paul-Löbe-Haus tagen die Ausschüsse des Bundestages. Sie gelten als der »Motor der Republik«, weil dort die Fachleute aller Fraktionen sitzen und die Gesetze des Bundestages vorbereiten.[146] Unter den Abgeordneten gibt es nämlich eine Arbeitsteilung. Nicht jeder kann von allem Ahnung haben. Bundestagsabgeordnete sind meist Expertinnen und Experten zu einem bestimmten Thema. Es gibt zum Beispiel im Bundestag einige ausgebildete Landwirte und Tierärztinnen, die sich um Landwirtschafts- und Tierschutzpolitik kümmern.[147] Bei vielen anderen Themen vertrauen diese Abgeordneten wiederum auf die Einschätzungen ihrer Kolleginnen und Kollegen.

In den Ausschüssen werden Gesetzesentwürfe besprochen und bearbeitet. In der Regel verlässt ein Entwurf den Ausschuss anders, als er eingebracht wurde. Manchmal wird um ganze Absätze gerungen, manchmal auch um einzelne Wörter. Man könnte es also auch eine Werkstatt für Gesetze nennen.

Auch wenn sie manchmal vom Fach sind, müssen sich die Abgeordneten nicht allein auf ihren Sachverstand verlassen. Die Ausschüsse laden immer wieder Fachleute zur Anhörung ein – von Physikprofessorinnen[148] über Vertreter von Menschenrechtsorganisationen bis hin zu Spitzensportlern.

Wie viele andere auch ist unser erdachter Herr Müller Mitglied in zwei Ausschüssen, nämlich im Auswärtigen Ausschuss und im Europaausschuss. Deshalb wirkt er mittwochs immer noch ein bisschen gehetzter als sonst. Viele der derzeit 25 Ausschüsse tagen nämlich gleichzeitig. Und einige Ausschüsse tagen sogar parallel zu den Plenarsitzungen – auch das ein Grund, warum einige Plätze dort frei sind. Zum Glück liegen die Säle nicht allzu weit voneinander entfernt!

Wenn Müller am Mittwoch in die Mittagspause geht, ist fast die Hälfte der Woche schon vergangen, ohne dass er bisher ein einziges Mal im Plenum war. Das ändert sich aber am frühen Nachmittag, denn jetzt beginnen die Sitzungen im großen Plenarsaal. Für das Bundestagsfernsehen, das online alle Debatten überträgt, heißt es dann: Kamera an! Meist kommt auch gleich hoher Besuch. Denn die Plenarsitzungen am Mittwoch beginnen üblicherweise damit, dass sich eine Ministerin oder ein Minister den Fragen der Abgeordneten stellen muss. Da glänzt schon mal eine Stirn vor Aufregung.

Donnerstag: Ein Tag im Plenarsaal

Nach dem Aufstehen schaut unser Durchschnitts-Müller erst mal lange in die Garderobe: Für seine Rede heute sollen Schlips und Hemd schließlich zusammenpassen. Wie viele Männer am Redepult des Bundestages zieht Müller einen Anzug mit Krawatte an. Im Büro angekommen, geht er noch ein letztes Mal mit einer Mitarbeiterin die Rede durch.

Dann eilt er mit seinen Kolleginnen und Kollegen über einen Tunnel zum Reichstagsgebäude. In einem großen Regal liegen dort für Müller drei Kärtchen bereit: Es sind seine Stimmkarten, in Blau (Ja), Weiß (Enthaltung) und Rot (Nein). Gleich am Vormittag steht nämlich eine namentliche Abstimmung an. Die gibt es dann, wenn wichtige politische Fragen zu entscheiden sind.

Was Müller heute Vormittag entscheidet, ob er mit Ja oder Nein stimmt, wird man im Fernsehen an der Karte in seiner Hand erkennen können. Auch auf der Website des Bundestages kann man sein Abstimmungsverhalten jahrelang nachlesen. So können Wählerinnen und Wähler sich ein Urteil bilden: Stimmt mein Abgeordneter für oder gegen mehr Subventionen für Landwirte? Wie steht er zum Ausbau von Autobahnen? Setzt er sich für kostenlose Kita-Plätze ein?[149] Namentliche Abstimmungen sind verpflichtend, alle Abgeordneten müssen also daran teilnehmen. Die meisten Abstimmungen finden allerdings nur per Handzeichen statt.

Nach der Mittagspause steigt bei Müller die Aufregung, denn jetzt ist sein Thema an der Reihe: die Beteiligung der Bundeswehr an einem Einsatz im Kosovo, das sogenannte KFOR-Mandat. Vor ihm sprechen vier andere Abgeordnete, dann heißt es: »Als Nächster hat das Wort für die SPD-Fraktion: Matthias Müller.« Sechs Minuten hat er jetzt Zeit.

Von seinem Rednerpult aus schaut Müller auf leerere Reihen als am Vormittag. Nur ein Drittel der Abgeordneten sitzt noch im Saal. Auch Müller wird nach der Debatte und der Abstimmung seine Sachen packen und wieder ins Büro laufen. Er hat noch ein Zoom-Meeting mit Bürgerinnen und Bürgern aus dem Wahlkreis. Sie sehen den Bau der neuen ICE-Strecke kritisch. Außerdem trifft er sich noch zum Abendessen mit einem Experten für Südosteuropa. Solche Gespräche sind wichtig, um sich ein möglichst genaues Bild von der Situation in der Region machen zu können.

Am späten Abend ist Müller dann wieder im Plenum. Oft dauern die Sitzungen am Donnerstag bis in die Nacht hinein. 15 Stunden Sitzung an einem Tag wären kaum durchzuhalten, deshalb teilen sich die Abgeordneten die Zeit je nach Themenbereich untereinander auf. Außenpolitikerinnen nehmen nicht unbedingt an Sitzungen zu Wohnungspolitik teil. Und wenn es um die Bundeswehr geht, bleiben Sozialpolitiker den Debatten auch schon mal fern.

Demokratie im Militär – wie soll das funktionieren? Abstimmen im Sitzkreis, welcher Befehl befolgt wird? Nicht ganz. Natürlich lebt eine Armee davon, dass Soldatinnen und Soldaten Befehlen gehorchen. Aber Gehorsam darf nicht grenzenlos sein.

Wer in der Armee dient, steht unter der Führung der Offiziere und Generäle. In der Bundeswehr gilt aber auch das Prinzip der »Inneren Führung«. Soldatinnen und Soldaten sollen lernen, sich nach den Grundregeln der Demokratie zu richten. Anders gesagt: Das Grundgesetz muss ihr innerer Kompass sein. Sollten sie jemals einen Befehl erhalten, der dem Grundgesetz widerspricht (etwa, auf Zivilisten zu schießen), dann dürfen sie nicht nur den Befehl verweigern – sie müssen![150]

Soldaten sollen laut Bundeswehr »Staatsbürger in Uniform« sein.[151] Sie handeln im Auftrag des Staates und seiner Bürgerinnen und Bürger, nicht der Regierung. Ein Einsatz der Bundeswehr im Ausland muss deshalb immer vom Parlament, der Vertretung des Volkes, genehmigt werden. Deshalb spricht man von einer »Parlamentsarmee«. Nicht eine Person allein entscheidet also, wer wo kämpft, sondern mehrere Hundert gewählte Abgeordnete. Das Konzept der »Inneren Führung« und die Parlamentsarmee sind Lehren aus dem Nationalsozialismus.

Freitag

Auch am Freitag finden Sitzungen im Plenarsaal statt. Aber Müller empfängt heute Vormittag eine Gruppe von Schülerinnen aus seinem Wahlkreis. Das Gespräch mit den Jugendlichen über Politik ist ihm jetzt wichtiger. Mehrfach im Jahr organisiert Müller Fahrten nach Berlin, damit Bürgerinnen und Bürger sich selbst ein Bild von der Hauptstadt und von seiner Arbeit im Parlament machen können.

Als Außenpolitiker ist Müller aber nicht nur im Bundestag und seinem Wahlkreis unterwegs, sondern auch in der Region, für die er zuständig ist. Abgeordnete reisen in Länder, um dort Kontakte zu knüpfen: Mal geht es um Entwicklungshilfe, mal um gemeinsame Wirtschaftsprojekte, mal um den Besuch bei Kontingenten der Bundeswehr, die im Ausland stationiert sind.

Eine Auslandsreise kann für Abgeordnete aber auch zu einer heiklen Angelegenheit werden. Rund die Hälfte der Menschen auf der Erde lebt nicht in einer Demokratie. Wie begegnet man Regierungsmitgliedern aus autokratischen Ländern? Wie geht man mit Ex-Terroristen oder Ex-Mitarbeitern von Diktatoren um, die heute hohe Ämter im Staat haben? Sollen Abgeordnete Regierungsmitglieder von Autokratien treffen – oder sich lieber auf Gespräche mit der Opposition konzentrieren?

Würde man diese Länder grundsätzlich meiden, wäre das das Ende der Außenpolitik. Wonach kann sich ein Abgeordneter also richten? Laut Grundgesetz muss Müller nur auf sein Gewissen hören, sonst auf niemanden. Aber seine Partei gibt ihm eine grobe Richtung vor. Auf Parteitagen beschließt sie Positionen zu bestimmten Konflikten und Regionen.

Als Mitglied einer Regierungspartei will sich Müller allerdings auch daran ausrichten, was die offizielle Regierungspolitik Deutschlands ist. Natürlich kann er ihr auch widersprechen. Es würde nur kein gutes Licht auf ihn werfen, wenn er auf Reisen etwas sagt und dann im Bundestag für das Gegenteil stimmt. Und als Volksvertreter auf Reisen ist er letztlich auch Vertreter des Volkes, für den ausländischen Gastgeber also »der Deutsche«. Im Ausland muss daher oft jedes Wort sitzen. Jeder verunglückte Satz kann einen kleinen Skandal einbringen. Ganz schön viel, worauf man achten und was man mit sich und seinem Gewissen vereinbaren muss!

Müller geht am Freitagnachmittag noch mal für zwei Stunden ins Plenum, dann nimmt er den Zug nach Hause. Die Sitzungswoche geht damit zu Ende. Am Wochenende hat er ein wenig Zeit für seine Familie.

In der kommenden Woche, einer Wahlkreiswoche, wird er dann ein Krankenhaus und eine Hochschule besuchen. Außerdem hält er eine Rede bei einem Treffen lokaler Wirtschaftsverbände. Und er hält seine Bürgersprechstunde. Dort können Bürgerinnen und Bürger aus seinem Wahlkreis sagen, was sie bedrückt und was sie geändert haben wollen. Für Müller als Volksvertreter sind das letztlich Hausaufgaben – und die nimmt er in der nächsten Woche wieder mit ins Parlament.

Was verdient eigentlich ein Abgeordneter? Im Jahr 2023 bekam ein Abgeordneter rund 10600 Euro brutto pro Monat. Brutto bedeutet, dass Abgeordnete davon noch Einkommensteuer und Krankenversicherung zahlen müssen. Einerseits ist das ziemlich viel Geld. Andererseits sollen Abgeordnete so viel verdienen, wie es ihrem Amt angemessen ist: Sie tragen politisch viel Verantwortung, die Belastung ist hoch, und bestechlich sollen sie ja auch nicht sein. Dazu kommt noch eine steuerfreie Pauschale von 4700 Euro monatlich. Davon zahlen Abgeordnete unter anderem die Ausstattung ihrer Wahlkreisbüros und die Miete für die Zweitwohnung in Berlin.[152]

Die Opposition: Mehr als einfach nur dagegen sein

»Opposition ist Mist«, hat mal der frühere SPD-Parteichef Franz Müntefering gesagt.[153] So kann man das natürlich formulieren, wenn man lieber an die Regierung will. Der Begriff Opposition bezeichnet nämlich alle Parteien in einem Parlament, die aktuell nicht an der Regierung sind. Im Jahr 2024 regierte die Ampelkoalition aus SPD, Grünen und FDP. Damit sind die CDU und die CSU, die AfD, die Linke und der Südschleswigsche Wählerverband in der Opposition.

Der Begriff stammt von dem lateinischen Wort für »entgegensetzen« – und das beschreibt die Aufgabe der Opposition schon ziemlich gut. Sie soll nicht nur dagegen sein, um dagegen zu sein. Sondern der Regierung etwas entgegensetzen, im besten Fall: die besseren Ideen. Denn vielleicht stellt sie ja in wenigen Jahren selbst Regierung, und da wäre es gut, wenn sie nicht bei null anfängt.

Natürlich kann die Opposition im Bundestag politisch viel weniger gestalten als die Regierung. Um Gesetze zu verabschieden, fehlt ihr die Mehrheit der Stimmen. Dafür soll sie aber die Regierung kontrollieren. Wenn der Bundeskanzler zum Beispiel eine Regierungserklärung im Plenarsaal abgibt, hält immer die Opposition die erste Gegenrede.[154] Ihre Abgeordneten können auch sogenannte »Kleine Anfragen« zu allen möglichen Themen stellen. Darin fordern sie die Regierung zum Beispiel auf, genau aufzulisten, wie viele Abschiebungen es in den Vormonaten gab.[155] Die Opposition schlägt zudem immer wieder neue Gesetze vor. Nur fehlt ihr eben die Mehrheit, um die Gesetze dann zu verabschieden.

Außerdem kann die Opposition einen sogenannten Untersuchungsausschuss einsetzen. In der Öffentlichkeit ist das nicht allzu bekannt – zu Unrecht! Ein Untersuchungsausschuss gilt nämlich als das »schärfste Schwert der Opposition«.[156] Nur ein Viertel der Abgeordneten muss der Gründung eines Ausschusses zustimmen. Monatelang kann der Ausschuss dann das Handeln der Regierung in einem bestimmten Bereich untersuchen und aufklären.

Ob beim Abzug der Deutschen aus Afghanistan, bei großen Terroranschlägen oder bei Bankenskandalen: Manchmal haben Behörden etwas versäumt, Ministerien etwas vertuscht, war die Polizei zu nachlässig, haben die Geheimdienste geschlafen. All das muss in Demokratien so gut wie möglich aufgeklärt werden. Zum einen will man begangene Fehler nicht wiederholen. Zum anderen will man die Verantwortlichen zur Rechenschaft ziehen.

Im Bundestag gab es seit der Gründung der Bundesrepublik mehr als sechzig Untersuchungsausschüsse. Die Ministerien und Behörden müssen dem Ausschuss ihre Akten zur Verfügung stellen, oftmals Hunderttausende Seiten. Außerdem darf der Untersuchungsausschuss Personen vorladen und befragen – wie einen Zeugen vor Gericht! Im Prinzip darf sich niemand in Deutschland darum drücken. Auch ein Bundeskanzler hat vor einem Untersuchungsausschuss zu erscheinen, wenn er befragt werden soll. Für eine Weile wird der Untersuchungsausschuss dann zu einer Art Verhörzimmer. Wer vor einem Untersuchungsausschuss lügt, macht sich sogar strafbar.[157]

Ein Untersuchungsausschuss ist allerdings kein echtes Gericht. Niemand wird dort verurteilt. Was also hat die Demokratie dann davon? Alle, die dort auftreten, müssen sich verantworten. Sie stehen im Scheinwerferlicht der Öffentlichkeit. So manche kommen da ins Schwitzen. Untersuchungsausschüsse haben – direkt oder indirekt – schon einen Ministerpräsidenten[158] zum Rücktritt gebracht, einen Geheimdienst-Chef[159] und einen Wirtschaftsminister.[160]

Die Opposition spielt aber natürlich nicht nur im Parlament eine große Rolle, sondern auch in der öffentlichen Debatte. Jeden Tag können wir Artikel lesen oder Nachrichten schauen, in denen die Opposition zu Wort kommt. Das ist in einer Demokratie wichtig und unerlässlich. Und durch diese öffentliche Debatte wird nicht selten auch Druck auf die Regierung ausgeübt. Manchmal kommt es auch zu Korrekturen an Gesetzen, die auf die Oppositionsarbeit zurückzuführen sind. Opposition muss also doch nicht nur Mist sein.

Lobbyismus und Korruption

Dass Menschen in der Politik besonders korrupt seien, hört man oft von Populisten oder Radikalen. So pauschal ist das natürlich falsch. Aber Einzelne können tatsächlich der Verlockung des Geldes nicht widerstehen.

Einer der spektakulärsten Fälle von Korruption ist nun schon mehr als 50 Jahre her.[161] Im Jahr 1972 sah es so aus, als könnte Bundeskanzler Willy Brandt (SPD) von der Opposition abgesetzt werden. Die CDU/CSU-Bundestagsfraktion bereitete seine Abwahl vor. Doch bei der entscheidenden Abstimmung fehlten zwei Stimmen zur Mehrheit. Was war passiert?

Die Antwort wurde erst zwei Jahrzehnte später enthüllt. Der deutsche Nachbarstaat, die DDR, wollte lieber einen SPD-Kanzler Willy Brandt als einen CDU-Kanzler an der Spitze der westdeutschen Regierung sehen. Deshalb bot der DDR-Geheimdienst zwei Abgeordneten je 50000 D-Mark (nach heutigem Maßstab etwa 90000 Euro[162]), damit sie nicht für den eigenen Kandidaten stimmen. Die DDR hat also eine Wahl in der alten Bundesrepublik beeinflussen können, weil die Gier zweier Abgeordneter größer war als ihr Verantwortungsgefühl.

Korruption gibt es aber natürlich nicht nur in den Geschichtsbüchern. Fast genau 50 Jahre später, im Winter 2022/2023, erschütterte ein Korruptionsskandal das Europäische Parlament. Die belgische Polizei, zuständig für das Parlament in Brüssel, verhaftete mehrere Abgeordnete. Unter ihnen war sogar eine der Vizepräsidentinnen des Parlaments. Der Verdacht: Die Abgeordneten sollen von Katar mit viel Geld bestochen worden sein. Als Gegenleistung hätten sich die Abgeordneten mehrfach positiv über das Land geäußert – etwa als es um die Rechte von Arbeitern auf den Baustellen der Fußball-WM 2022 ging. Das Europäische Parlament wählte die Vizepräsidentin kurz nach ihrer Verhaftung ab. Auch ihre Partei warf sie raus.[163] Das Gerichtsverfahren läuft allerdings noch. Rechtskräftig verurteilt ist sie bislang nicht. In der Zwischenzeit wurde sie aus der Haft entlassen und kehrte ins Parlament zurück.[164]

Korruption wird wahrscheinlich immer existieren. Um den Missbrauch von Macht und Geld aufzudecken und einzudämmen, existieren aber in Deutschland einige Sicherungsmechanismen. Der Bundesrechnungshof prüft, ob Behörden alles korrekt abrechnen und ob sie mit Steuergeldern vernünftig umgehen. Auch Vereine und Projekte wie Transparency International, abgeordnetenwatch.de, FragDenStaat und LobbyControl setzen sich gegen Korruption in Politik und Wirtschaft ein. Zudem decken Medien auch immer wieder Korruptionsskandale auf.

Wegen solcher Skandale wird Lobbyismus oft als etwas Negatives angesehen. Dabei ist Lobby-Arbeit an sich nichts Schlechtes. Wer »keine Lobby« hat, dem fehlt jemand, der sich für ihn einsetzt. Mit dem Ausdruck »Lobby« bezeichnete man ursprünglich die Wandelhalle eines Parlaments. Dort konnten sich Politiker mit anderen unterhalten. Heutzutage setzen sich Politikerinnen und Lobbyisten natürlich auch im Büro oder im Restaurant zusammen.

Für die Demokratie ist der Kontakt zwischen Politik und Verbänden, Unternehmen und Vereinen enorm wichtig. Umweltverbände können im direkten Gespräch mehr Schutz für die Artenvielfalt fordern. Sportvereine können über staatliche Förderung sprechen. Sie alle sind Lobbyisten in eigener Sache.

Die Grenze zwischen sachlicher Information und undemokratischer, überbordender Beeinflussung ist allerdings schmal. Problematisch ist auch, wenn Abgeordnete neben ihrem Amt selbst noch für einen Interessensverband arbeiten. Mitglieder des Bundestags dürfen seit 2021 nicht mehr im Nebenberuf bezahlte Lobbyarbeit betreiben, egal für wen. Nebeneinkünfte müssen sie nun bis auf den Cent genau veröffentlichen, falls diese 1000 Euro pro Monat oder 3000 im Jahr überschreiten.[165]

Gesichter der Demokratie: ***Ida B. Wells*** *(USA)*

1862–1931

Manchmal muss man für seine Rechte gar nicht aufstehen. Man kann auch einfach sitzen bleiben, wie die Afroamerikanerin Ida B. Wells. Auf einer Zugreise im September 1883 machte sie eine Erfahrung, die ihr ganzes Leben prägen sollte. Obwohl sie ein Ticket der 1. Klasse gekauft hatte, wurde sie aus dem Abteil geworfen, weil sie Schwarze war. Sie klagte gegen die Eisenbahngesellschaft – und verlor. Als Schwarze hätte sie in dem Waggon nicht mit Weißen zusammensitzen dürfen.[166]

Ida B. Wells war 1862 im US-Bundesstaat Mississippi zur Welt gekommen, wenige Monate vor der Abschaffung der Sklaverei.[167] Nach der Schule wurde sie Lehrerin, fing dann aber an, als Journalistin zu arbeiten. Sie wollte ein Licht werfen auf die Verhältnisse, in denen Schwarze nach dem Ende der Sklaverei oft lebten. Die Zugreise blieb dabei nicht das einzige Erlebnis, das ihr Vertrauen in den Rechtsstaat erschütterte.

Als Wells 30 Jahre alt war, wurde einer ihrer besten Freunde von einem Mob von Weißen gelyncht. Lynchjustiz war damals weit verbreitet: Weiße machten Jagd auf Schwarze und töteten sie auf brutale Weise. In der Öffentlichkeit ging man wie selbstverständlich davon aus, dass die Opfer vorher ein schweres Verbrechen begangen haben müssten.[168] Auch Wells war bisher davon überzeugt gewesen.

Als es nun einen ihrer Freunde traf, fing sie an, ihre eigenen Vorurteile zu hinterfragen – und ging der Sache auf den Grund. Mit einem Notizblock bewaffnet setzte sie sich in den Zug und fuhr quer durch die amerikanischen Südstaaten. Mehr als 700 Fälle von Lynchmord untersuchte Wells auf ihrer Reise, las Zeitungsberichte, befragte Zeugen. Am Ende stand eine Erkenntnis, die auch sie überraschte: Nur in wenigen Fällen wurden die ermordeten Schwarzen überhaupt eines Verbrechens beschuldigt. Lynchen war also keine Form von Rachejustiz, sondern Ausdruck von blankem Rassismus.[169]

In Artikeln, Büchern und Vorträgen prangerte Wells diese Lynchmorde an. Doch ihre Enthüllungen brachten Wells in Gefahr. Eines Tages stürmte eine Gruppe Weißer die Redaktionsräume ihrer Zeitung und setzte die Druckerpresse in Brand. Wells war da zum Glück schon aus Memphis in Richtung Chicago geflohen.

Auch in der Bewegung für ein Frauenwahlrecht wurde sie aktiv. Vor einer großen Demo in Washington 1913 wurde sie aufgefordert, mit anderen Afroamerikanerinnen hinten im Zug getrennt von den weißen Frauen zu marschieren. Für Wells kam das nicht infrage. Sie reihte sich bei den anderen Gruppen ein, an der Spitze, zusammen mit Weißen.[170]

Ihr Mut und ihr unbedingter Wille waren Vorbild für viele in der amerikanischen Bürgerrechtsbewegung. Schon der Name dieser Bewegung weist auf etwas eigentlich Selbstverständliches hin: dass alle Bürgerinnen und Bürger die gleichen Rechte genießen sollten. Nur war das auch zwei Generationen nach Wells leider immer noch nicht der Fall.

Im Jahr 1955 weigerte sich Rosa Parks in einem Bus, ihren Sitz für einen Weißen freizugeben – und wurde deshalb festgenommen. 1963 sprach Martin Luther King in seiner Rede vor Hunderttausenden in Washington von seinem Traum. Er wollte Freiheit und Gerechtigkeit für alle Bürger im Land verwirklicht sehen, unabhängig von ihrer Hautfarbe.

Ida B. Wells wurde erst in den vergangenen Jahren für ihr Engagement geehrt. 2020 wurde sie bei der Verleihung des weltbekannten Pulitzer-Preises gewürdigt, des bedeutendsten Medienpreises der USA.[171] Im Museum für afro-amerikanische Geschichte und Kultur in Washington prangt heute ein Zitat von ihr an der Wand, in riesigen, goldenen Buchstaben. Es liest sich wie das Motto ihrer journalistischen Arbeit: »Wer Ungerechtigkeiten wiedergutmachen will, muss sie ins Licht der Wahrheit zerren.«[172]

Kurz vor ihrem Tod bewarb sich Wells noch um einen Sitz im Senat von Illinois, dem Bundesstaat, in dem Chicago liegt. Wells verlor die Wahl.[173] Aber rund 65 Jahre nach ihrem Tod schaffte es ein anderer Bewohner Chicagos in den Senat von Illinois, und seine Karriere endete dort nicht. Sein Name: Barack Obama.

Judikative: Die richtende Gewalt

Am 9. März 2023 ging in Tel Aviv so gut wie nichts mehr. Zehntausende Menschen protestierten auf den Straßen der Stadt, viele Hauptstraßen waren blockiert.[174] Selbst die Zufahrtswege zum Flughafen besetzten die Demonstrierenden. Der israelische Premierminister Benjamin Netanjahu musste dringend zu einem Treffen nach Italien. Doch selbst er, der Regierungschef, kam nicht durch. Am Ende musste er den Hubschrauber nehmen – für den Weg durch die Stadt.

Was die Menschen in Israel über Monate auf die Straße trieb, war eine umstrittene Reform des Justizsystems. Die Regierung unter Benjamin Netanjahu plante, die dritte Gewalt entscheidend zu schwächen. Urteile des Obersten Gerichts in Israel würden danach kaum noch zählen. Nach dem geplanten Gesetz könnte das Parlament sie mit einer Mehrheit überstimmen.[175] Was aber bringt ein unabhängiges Gericht, wenn das Parlament es einfach ignorieren kann? Am Ende kam es zu den Bildern aus Tel Aviv. So groß waren die Proteste, dass sich der Premierminister nur noch mit dem Hubschrauber über sie erheben konnte.

Die Demonstrationen in Israel waren nicht die einzigen ihrer Art. Auch in Polen versuchte die Regierung der PiS-Partei bis 2023, die Unabhängigkeit der Justiz immer stärker einzuschränken. Nach und nach wurden zum Beispiel Richterinnen und Richter an Gerichten gegen andere ausgetauscht, die die Regierung für »linientreu« hielt. Auch in Polen versammelten sich immer wieder Zehntausende Menschen auf den Plätzen der Hauptstadt Warschau, um dagegen zu protestieren.[176]

Ob in Polen oder in Israel: Wenn der Rechtsstaat angegriffen wird, ist der Aufschrei zu Recht groß. Ohne Rechtsstaat gibt es keine Demokratie. Rechtsstaat bedeutet, dass der Staat sich an seine eigenen Gesetze halten und die Rechte seiner Bürgerinnen und Bürger garantieren und schützen muss.[177] Die Polizei darf also niemanden ohne Grund festnehmen. Das Finanzamt darf keine Steuern einziehen, die das Gesetz nicht vorsieht. Und ein Bundeskanzler darf nicht einfach ewig weiterregieren, ohne erneut gewählt zu werden. Man kann es auch so formulieren: Mächtiger als alles andere ist im Rechtsstaat das Gesetz. Im Englischen wird das noch etwas deutlicher. Dort spricht man von »rule of law« – die Herrschaft des Gesetzes.

Wenn wir an Gerichte denken, haben sicher viele von uns eine Gerichtsserie vor Augen: den gewieften Anwalt, den schweigsamen Angeklagten, die mürrische Richterin im großen, holzvertäfelten Saal. Was wir in den meisten Fällen auf Netflix sehen, sind sogenannte **Strafgerichte**. Jemand hat ein Verbrechen begangen und wird dafür von einem Gericht zu einer Strafe verurteilt.

Aber damit eine Demokratie funktioniert, braucht es viele unterschiedliche Gerichte. Unser Rechtssystem ist viel mehr als das, was wir im Film vermittelt bekommen. Und wie in Hollywood sieht es in deutschen Gerichtssälen auch nur selten aus.

Kleinere Delikte – Diebstahl, Beleidigungen, Sachbeschädigung – werden am **Amtsgericht** verhandelt. Ist man mit einem Urteil nicht einverstanden, kann man sich an das nächsthöhere Gericht wenden. Über dem Amtsgericht steht in Deutschland das **Landgericht**, das auch für Prozesse wegen Mordes verantwortlich ist, darüber das **Oberlandesgericht** und schließlich der **Bundesgerichtshof**. Diese Ebenen heißen Instanzen. Von daher kommt auch der Ausdruck, ein Fall ging »durch alle Instanzen«. Hat der Bundesgerichtshof ein Urteil gefällt, müssen sich alle Gerichte darunter daran halten.

In **Zivilgerichten** geht es zum Beispiel um Streit zwischen Nachbarn. Der viel zu große Baum hinterm Gartenzaun, der Hund, der nachts zu laut bellt, oder auch das Unfallopfer, das Schmerzensgeld will: All diese Fälle werden vor Zivilgerichten verhandelt.

Vor **Sozialgerichten** können Bürgerinnen und Bürger sich dagegen wehren, wenn sie Ärger mit der Krankenkasse oder der Arbeitsagentur haben. Etwa dann, wenn ihnen das Bürgergeld gekürzt wurde.

An ein **Arbeitsgericht** können sich Menschen wenden, wenn sie zu Unrecht gekündigt wurden.

In **Familiengerichten** streiten sich oft Eheleute während oder nach einer Scheidung um Geld – oder um das Sorgerecht für die Kinder.

In **Verwaltungsgerichten** stehen sich Personen und staatliche Einrichtungen gegenüber, manchmal aber auch zwei staatliche Einrichtungen. Im Jahr 2022 klagte zum Beispiel das Justizministerium gegen die Staatsanwaltschaft Osnabrück, weil es eine öffentliche Äußerung der Staatsanwaltschaft als unwahr ansah.[178]

Und selbst für Richterinnen und Richter gibt es Gerichte. Ein **Richterdienstgericht** urteilt in allen Fällen, in denen eine Richterin oder ein Staatsanwalt gegen Dienstvorschriften verstoßen hat. Natürlich geht es dabei nicht um Knöllchen wegen Falschparkens. 2023 wurde es einer Juristin in Berlin verboten, weiter als Richterin zu arbeiten. Sie wird beschuldigt, Mitglied einer rechtsextremen Terrorgruppe zu sein.[179]

An der Spitze des deutschen Rechtssystems steht das **Bundesverfassungsgericht** mit Sitz in Karlsruhe. Es kann Urteile der vorherigen Instanzen aufheben, als einzige Instanz Parteien verbieten – und es darf sogar Gesetze für verfassungswidrig erklären. Zweimal acht Richterinnen und Richter stehen dafür in Karlsruhe bereit. Sie müssen oft Grundrechte gegeneinander abwägen – zum Beispiel die Meinungsfreiheit und das Recht darauf, nicht beleidigt zu werden.

Vor dem Bundesverfassungsgericht geht es nicht immer um die ganz großen Fragen. Manchmal werden dort auch Fälle verhandelt, die nur einzelne Menschen betreffen. So wie der Fall eines Polizisten aus Bayern. Zehn Jahre lang kämpfte er dafür, ein Tattoo auf dem Unterarm tragen zu dürfen. Er wollte sich »Aloha« auf den Arm tätowieren lassen, den hawaiianischen Gruß. Das Tattoo wollten ihm seine Vorgesetzten bei der Polizei aber nicht erlauben, also klagte er. 2023 entschied das Bundesverfassungsgericht: Der Staat darf ihm dieses Tattoo nicht auf der Grundlage der bestehenden Gesetze verbieten.[180]

Der sogenannte Rechtsweg, also der Weg durch die Gerichte, endet übrigens nicht in Karlsruhe. In Luxemburg steht der **Gerichtshof der Europäischen Union** (EuGH). Er achtet darauf, dass die 27 EU-Mitgliedsstaaten das EU-Recht auch einhalten. Als die frühere polnische Regierung die Unabhängigkeit der Gerichte einschränkte, gab es gleich mehrere Rüffel aus Luxemburg. Der EuGH stellte fest, dass das Vorgehen der polnischen Regierung nicht mit EU-Recht zu vereinbaren war. Polen wurde zu hohen Geldstrafen verurteilt und verpflichtet, die Gesetze anzupassen.[181]

Außerdem wacht in Straßburg der **Europäische Gerichtshof für Menschenrechte** (EGMR) darüber, dass Menschen in Europa kein Unrecht erleiden. Der EGMR wurde von den Mitgliedstaaten des Europarates gegründet. Der Europarat hat mit der EU nichts zu tun: Er wurde schon 1949 gegründet, zur Förderung der europäischen Zusammenarbeit. Der EGMR soll sicherstellen, dass sich alle 46 Mitgliedsstaaten an die Europäische Menschenrechtskonvention halten. Die Betroffenen selbst müssen nicht aus Europa kommen. Im November 2023 sprach das Gericht Geflüchteten aus dem Sudan Schmerzensgeld zu. Bei ihrer Ankunft in Italien waren sie erniedrigend behandelt worden.[182]

Wer sorgt eigentlich dafür, dass sich die Regierung an die Urteile hält? Auf dem Papier: die Polizei – allerdings untersteht die ja wiederum der Regierung. Letztlich halten sich aber (fast) alle an Urteile, weil sie die Demokratie und die damit verbundene Gewaltenteilung respektieren.

Leider ist das nicht immer so. Wann immer Politikerinnen sagen, sie wollten sich nicht an ein Urteil halten, sollte man in einer Demokratie hellhörig werden. In Großbritannien war das im November 2023 der Fall.[183] Dort kämpfte die Regierung dagegen, dass Flüchtende illegal mit dem Boot über den Ärmelkanal ins Land kommen. Die britische Regierung wollte diese Menschen wieder loswerden. Deshalb machte sie einen Deal mit dem Land Ruanda, das Tausende Kilometer entfernt liegt: Großbritannien fliegt die Migranten nach Ruanda, die stellen dort einen Antrag auf Asyl, und Ruanda erhält im Gegenzug eine erste Zahlung von mehr als 160 Millionen Euro.

Ein hohes Gericht in Großbritannien hatte dieses Abkommen im Dezember 2022 für legal erklärt.[184] Aber das höchstrangige Gericht kassierte das Urteil ein knappes Jahr später wieder ein. Auch der Europäische Gerichtshof für Menschenrechte erklärte, dass die Flüge vorerst ausgesetzt werden müssen.[185] Der stellvertretende Vorsitzende der Regierungspartei forderte daraufhin, die Regierung sollte doch »die Gesetze ignorieren« und »jetzt Flugzeuge in die Luft schicken«.[186] Der damalige britische Justizminister äußerte sich ähnlich.[187] Solche Aussagen sind gefährlich, denn sie untergraben die wichtige Rolle von Gerichten.

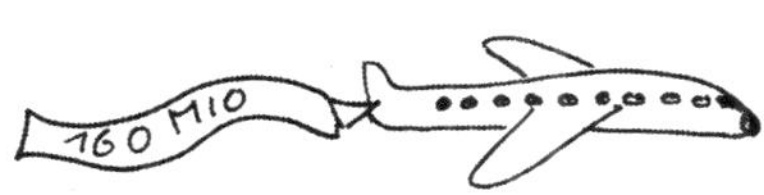

Am Rande des Rechtsstaats

Was kann ich in einer Demokratie tun, wenn ich nicht Recht bekomme? Was kann ich tun, wenn das Gesetz etwas anderes sagt als mein Gewissen? Auf diese Frage gibt es keine abschließende Antwort. Sie beschäftigt Philosophen, Schriftstellerinnen und Juristen seit Jahrhunderten. Die einfache Antwort wäre natürlich: Dem Gesetz folgen. Schließlich leben wir in einem Rechtsstaat. Aber wären alle immer den Gesetzen gefolgt, auch den ungerechten, wäre die Welt heute weniger gerecht.

Der Amerikaner Henry David Thoreau schrieb vor rund 200 Jahren »Über die Pflicht zum Ungehorsam gegen den Staat«. Er weigerte sich, als Bürger der USA Steuern zu zahlen für einen Staat, der Sklaven hielt.[188] Seinem Plädoyer für zivilen Ungehorsam folgten viele, der US-Bürgerrechtler Martin Luther King[189] ebenso wie der indische Widerstandskämpfer Mahatma Gandhi.[190] Was sie alle einte, war die Ablehnung von Gewalt. Sie verstanden zivilen Ungehorsam als friedlichen Protest gegen Unrecht.

Forscherinnen konnten mittlerweile nachweisen, dass gewaltlose Aktionen deutlich effektiver sind und sogar häufiger zum Sturz einer Diktatur führen können. Die Politikwissenschaftlerin Erica Chenoweth untersuchte dafür Hunderte von Protesten in aller Welt. Sie fand auch heraus, dass schon eine Minderheit reicht, um Veränderungen anzustoßen. Nach ihren Berechnungen müssen dafür mindestens 3,5 Prozent einer Bevölkerung mitprotestieren, in welcher Form auch immer. Ganze 198 Methoden für gewaltlose Aktionen hat der Amerikaner Gene Sharp in seinem dreiteiligen Werk »The Politics of Nonviolent Action« (Die Politik der gewaltfreien Aktion) aufgelistet, von der Lichterkette bis zum Hungerstreik.[191]

Als sich in den vergangenen Jahren immer mehr Klimaaktivisten der »Letzten Generation« auf die Straße klebten und Kunstwerke mit Essen bewarfen, begann die alte Debatte erneut. Sie kam auch wieder auf, als Landwirte mit ihrem Traktor Straßen blockierten. Können Ordnungswidrigkeiten oder sogar Straftaten als Protestform gerechtfertigt sein? Und wenn ja: wann? Im Falle der »Letzten Generation« ging es um Sachbeschädigung und um Nötigung durch das Festkleben auf der Straße. Das Kleben gilt als Straftat, das bloße Blockieren zunächst nicht. Wichtig ist vor allem die Anmeldung der Demo: Mit einer angemeldeten Protestaktion kann man in Deutschland stundenlang Straßen blockieren.

Wer zivilen Ungehorsam in diesem Sinne betreibt, muss sich fragen: Gibt es wirklich keinen legalen Weg, um das Ziel zu erreichen? Kämpfe ich für eine Sache, die mehrheitsfähig ist, oder kämpfe ich nur für mich? Die Veränderung kommt ja nicht durch den Protest allein. Veränderung geschieht nur, wenn man genügend Menschen – in der Bevölkerung wie auch in staatlichen Stellen – von der Sache überzeugt. Jeder Protest ist nur ein Vehikel, um eine Botschaft zu transportieren.

Eines der stärksten, aber in Deutschland eigentlich nicht legalen Mittel ist der Generalstreik.[192] So heißt es, wenn in allen oder vielen wichtigen Bereichen der Gesellschaft gestreikt wird. Im Generalstreik geht fast gar nichts mehr. Keine Müllabfuhr, keine Züge, keine Schule, keine Produktion in der Industrie.[193] In Island gingen im Herbst 2023 rund die Hälfte aller Frauen des Landes für einen Tag in den Streik.[194] Sie wollten so für gleiche Löhne protestieren. In Frankreich stand im Mai 1968 das halbe Land still, als bis zu 10 Millionen Menschen im Kampf um einen höheren Mindestlohn die Arbeit niederlegten.[195] In der DDR begann der Volksaufstand am 17. Juni 1953 mit einem Generalstreik.[196]

Eine der bekanntesten Protestformen ist der Boykott. Er kann sich gegen Länder richten, einzelne Unternehmen oder Menschen. Der Begriff stammt von dem englischen Landverwalter Charles Cunningham Boycott. Er lebte Ende des 19. Jahrhunderts in Irland. Boycott beutete seine Mitarbeiter derart aus, dass sie ihm kündigten. Die Gewerkschaft rief alle dazu auf, nicht mehr bei oder für Boycott zu arbeiten. Bald machte das halbe Land mit. Der Postbote lieferte keine Briefe mehr an ihn, die Bahn transportierte Boycotts Vieh nicht mehr.[197] Seither nennt man es »boykottieren«, wenn dazu aufgerufen wird, keine Produkte eines Unternehmens oder eines Landes zu kaufen.

Gesichter der Demokratie: ***Ruth Bader Ginsburg*** *(USA)*

1933–2020

Dass eine Richterin wie ein Popstar gefeiert wird, kommt nur selten vor. Ruth Bader Ginsburg ist das aber gelungen: Weil sie sich als Anwältin und als Richterin am Supreme Court, dem Obersten Gericht der USA, gegen Diskriminierung einsetzte. Und sicher auch, weil ihr abgekürzter Name fast so klang wie der eines berühmten Rappers aus den 1990ern. »Notorious RBG«, die berühmt-berüchtigte RBG: So wurde sie selbst in Nachrufen genannt.[198]

Nach einer steilen Karriere als Anwältin sah es zu Beginn ihres Berufslebens nicht aus. Ginsburg schloss ihr Studium als eine der Jahrgangsbesten ab – und bekam doch zunächst mehrere Absagen. Sie vermutete, dass es an ihrem Geschlecht lag und daran, dass sie früh Mutter geworden war. In den Männer-dominierten Anwaltskanzleien waren Frauen damals die Ausnahme. »Ihr Mann hat doch einen sehr guten Job!«: Solche Sätze bekam sie zu hören, wenn sie mal wieder schlechter bezahlt wurde als ihre Kollegen.[199]

In den 1970ern engagierte sich Ginsburg in einer Bürgerrechtsorganisation. Sie wollte diskriminierende Gesetze ändern, indem sie vor Gericht dagegen klagte. Ginsburg pickte sich einzelne Fälle heraus, die sie für aussichtsreich hielt.

Einer davon war der Fall von Charles Moritz. Er hatte für seine hilfsbedürftige Mutter eine Pflegekraft engagiert.

Die Kosten dafür wollte er von der Steuer absetzen. Das Gesetz sah aber einen solchen Steuerrabatt nur für verheiratete Frauen vor. Das war Moritz nicht. Er fühlte sich diskriminiert.

Mit Ginsburg und ihrem Mann – ebenfalls Anwalt – zog Moritz vor Gericht. Ihr Mandant werde benachteiligt, weil er ein Mann ist, argumentierten die Ginsburgs. Mit Erfolg: Moritz und die Ginsburgs gewannen den Fall. Die diskriminierende Klausel wurde abgeschafft.

Bei einem anderen Fall vor dem Supreme Court saßen ihnen auf der Richterbank wieder nur Männer gegenüber – und wieder ging es um die Benachteiligung eines männlichen Mandanten. Genau deshalb hatten die Ginsburgs solche Fälle übernommen: Sie hofften auf mehr Einsicht bei den Richtern, wenn es um Diskriminierung ihres eigenen Geschlechts ging.[200]

Ginsburgs Einsatz dafür, den Rechtsstaat weniger ungerecht zu machen, verschaffte ihr in den Jahren darauf großen Respekt im Land. Viele Benachteiligungen von Frauen wurden auch dank ihrer Arbeit abgeschafft. Im August 1993 wurde sie zur Richterin am Supreme Court ernannt, als erst zweite Frau in der Geschichte. Fast drei Jahrzehnte lang bestimmte sie mit, was in den USA als Recht gilt und was nicht. Um auch mit über 80 Jahren die Belastungen des Jobs auszuhalten, hielt sie sich mit Planks und Hanteln fit.[201]

Als sie 2020 starb, versammelten sich noch am selben Abend mehr als 1000 Menschen vor den Stufen des Obersten Gerichts.[202] Manche der Trauernden trugen Kerzen oder

Schilder mit Ginsburgs Gesicht darauf. Schon zu Ginsburgs Lebzeiten gab es in Washington ein Geschäft, das voll war mit Werbeartikeln. Es gab RBG-Poster, RBG-Trinkflaschen, RBG-Kulis, RBG-Pfefferminzbonbon-Dosen, und das alles, wohlgemerkt, für eine Richterin am Supreme Court.

Begehrt waren auch Baby-Lätzchen in der Form ihrer Jabot-Kragen, die Ginsburg über der schwarzen Richterinnen-Robe trug.[203] Einen dunklen mit Schmucksteinen zog sie immer dann an, wenn sie an jenem Tag der Mehrheitsmeinung ihrer Richterkollegen widersprach. Und das tat sie, ganz »Notorious RBG«, nicht selten.

Filmtipp: RBG – Ein Leben für die Gerechtigkeit (2018)

KAPITEL 5

Einmal kreuzweise: Wie Wahlen funktionieren

Ohne Wahlen gibt es keine Demokratie, und zwar ganz wörtlich. Im Moment einer Wahl entscheidet das Volk (griechisch: demos), wer herrschen soll (griechisch: kratein). So einfach ist das – und doch, bis heute, so kompliziert.

Zahlen nach Wahlen

Jubel auf der einen Seite, Enttäuschung auf der anderen: An Wahlabenden sieht es in der Politik oft so aus wie nach einem Fußballspiel. Das liegt in der Natur der Sache, denn wie im Fußball verliert eine Seite, wenn die andere gewinnt.

Die Spannung ist auch deshalb so groß, weil ARD und ZDF bis 18 Uhr keine Prognosen veröffentlichen dürfen. Das verbietet das Wahlgesetz. Niemand soll durch Zwischenergebnisse beeinflusst werden, während die Wahllokale noch geöffnet sind. Aber sobald es 18 Uhr schlägt, beginnt das große Rechnen: Wer erhält wie viele Sitze im Parlament? Wer wird künftig mit wem regieren können? In manchen Ländern kann die Auszählung Tage dauern. In Deutschland geht das ziemlich schnell, den Wahlhelferinnen und Wahlhelfern sei Dank. Wer lange genug wach bleibt, erfährt oft schon in der Nacht, wie das Wahlergebnis aussieht.

Bei Wahlen zum Bürgermeister oder zur Bürgermeisterin ist die Rechnerei simpel. Wer die meisten Stimmen bekommt, zieht ins Rathaus ein. Allerdings braucht man die absolute Mehrheit, also mehr als 50 Prozent der Stimmen. Gelingt das niemandem, gehen die beiden mit den meisten Stimmen in eine Stichwahl. Die findet einige Wochen nach dem ersten Wahlgang statt.[204]

Deutlich komplizierter sind Bundestagswahlen, denn dort gibt es eine Erst- und eine Zweitstimme. Trotz ihres Namens ist die Zweitstimme die wichtigere Stimme. Sie entscheidet, wie stark eine Partei im Parlament vertreten ist. Grob gesagt: Hat eine Partei 20 % der abgegebenen Zweitstimmen erhalten, bekommt sie ungefähr 20 % der Sitze im Parlament. Mit der Erststimme werden hingegen die Abgeordneten eines Wahlkreises direkt gewählt. Mit der Erststimme wählen wir also Personen, mit der Zweitstimme eine Partei.

Bisher galt: Im Bundestag bekommt jeder direkt Gewählte aus den Wahlkreisen einen Sitz, das sogenannte Direktmandat. In Deutschland gibt es 299 Wahlkreise, also sind 299 Sitze zu vergeben. Die restlichen Plätze werden je nach Anteil der Zweitstimme verteilt.

Parteien wie die CDU, die CSU und die SPD bekommen allerdings oft mehr Direktmandate, als ihnen nach Zweitstimmen an Sitzen im Parlament zustehen würde. Diese Mandate nennt man dann Überhangmandate. Mathematisch gesehen verzerren sie das Ergebnis. Das geht natürlich nicht. Und damit am Ende alle Parteien wieder so viele Sitze haben, wie ihnen laut Zweitstimmenergebnis zustehen, erhalten alle anderen Parteien sogenannte Ausgleichsmandate. Klingt kompliziert? Ist es auch, leider. Bei der Bundestagswahl 2021 vergrößerten diese Überhang- und Ausgleichsmandate das Parlament um 138 Sitze. Das war Rekord. Laut damals geltendem Wahlgesetz sollten 598 Abgeordnete im Bundestag sitzen, aktuell (2024) sind es aber 735.[205]

Das war selbst den Abgeordneten zu viel. Im März 2023 beschloss der Bundestag, das Wahlrecht zu reformieren. Künftig soll die Größe des Parlaments auf 630 Sitze begrenzt sein. Überhangs- und Ausgleichsmandate soll es gar nicht mehr geben.[206] Aber wie das in der Demokratie so ist: CSU und Linke haben vor dem Bundesverfassungsgericht Klage gegen die Reform eingereicht.[207] Das neue Wahlgesetz ist zwar aktuell (2024) in Kraft. Aber solange das Gericht in Karlsruhe nicht entschieden hat, ist nicht ganz klar, wie bei der nächsten Wahl tatsächlich gewählt wird.[208]

Wahlsysteme im Überblick

Bei einer **Verhältniswahl** erhält jede Partei so viele Sitze, wie ihr anteilig zustehen. Gewinnt sie 30 Prozent der Stimmen, bekommt sie – vereinfacht gesagt – 30 Prozent der Sitze. Bei einer Verhältniswahl werden also auch die Zweit-, Dritt-, Viertplatzierten und so weiter berücksichtigt.

Eine Verhältniswahl bildet die Vielfalt der politischen Einstellungen besser ab. Nur selten gewinnt eine einzige

Partei die absolute Mehrheit, also mehr Stimmen als alle anderen zusammen. In Bayern ist das der CSU jahrzehntelang gelungen. Heute schafft sie das nicht mehr. Sie braucht also einen Koalitionspartner.

Zu viele Parteien sollen es aber auch nicht in einem Parlament sein. In vielen Ländern gibt es deshalb ein Mindestergebnis. In Deutschland gilt die Fünf-Prozent-Hürde: Nur wer mindestens 5 % der Zweitstimmen holt, kommt in der Regel auch ins Parlament. Eine typische Verhältniswahl ist die Zweitstimme bei der deutschen Bundestagswahl.

Bei einer **Mehrheitswahl** zählt nur der Sieger. Einen Sitz im Parlament erhält die Partei oder Person, die die meisten Stimmen gewinnt. Bekannte Mehrheitswahlen sind die Erststimme bei der deutschen Bundestagswahl und die amerikanische Präsidentschaftswahl.

Mit Wahlschein zur Scheinwahl

Auch in der Deutschen Demokratischen Republik, kurz DDR, gab es Wahlen. Zumindest wurden sie so genannt. Im landesweiten Parlament, der sogenannten Volkskammer, saßen Abgeordnete, und die mussten schließlich gewählt werden. Also zogen alle vier bis fünf Jahre die Bürgerinnen und Bürger der DDR zu den Wahllokalen. Dort angekommen, bekamen sie ihren Stimmzettel ausgehändigt. Sie falteten ihn einmal in der Mitte und steckten ihn in die Wahlurne. Fertig.[209]

Wer bis hierhin aufmerksam gelesen hat, wird sich jetzt wundern. Fehlt da nicht etwas? In der Tat. Wer in der DDR wählte, brauchte keinen Stift, denn man hatte buchstäblich keine Wahl: Hinter den Namen der Kandidaten gab es keine Kästchen oder Kreise zum Ankreuzen, kein Feld für Ja oder Nein.[210] Die Zusammensetzung des Parlaments stand praktisch schon vor der »Wahl« fest.[211] Das Falten des Stimmzettels allein wurde als ein Ja gezählt. Der »Wahlvorschlag« war damit angenommen. Mit Tricks wie diesem kam die DDR-Führung auf eine Zustimmung von angeblich 99,94 Prozent (1986). Dem Willen des Volkes entsprach das natürlich nicht.[212]

Wahlen sind der Schlüssel für eine funktionierende Demokratie. Ohne sie wäre ein demokratisches Regieren nicht möglich. Wahlen garantieren den friedlichen Übergang der Macht von einer Person oder einer Gruppe zur anderen. Das allein macht aber noch nicht jede Wahl frei oder fair. Die DDR war eben kein demokratisches Land, wie es ihr Name versprach, auch wenn man »wählen« gehen durfte. Was also braucht es für eine demokratische Wahl?

Intuitiv wissen wir, wie eine faire Wahl aussieht. Suchen wir einen neuen Klassensprecher oder eine neue Klassensprecherin, schreiben alle den Namen der Person auf einen kleinen Zettel. Die Papierchen werden dann gefaltet, eingesammelt und vor aller Augen ausgezählt. In Vereinen, wenn der Vorstand gewählt wird, ob beim Bundesligaklub oder in einem Tennisverein, funktioniert das im Prinzip genauso. Im besten Fall gibt es auch mindestens zwei Personen zur Auswahl, denn sonst hat man ja keine echte Wahl.

Wahlen in einem großen Land wie Deutschland sind da schon deutlich aufwendiger. Es geht ja schließlich um die Zukunft von mehr als 84 Millionen Menschen. Da braucht es nicht nur eine Menge Papier, Stifte und Schokoriegel für die Wahlhelferinnen und Wahlhelfer. Damit bundes- oder landesweite Wahlen als rechtmäßig anerkannt werden, müssen laut Grundgesetz fünf Kriterien erfüllt sein: Die Wahl muss allgemein, unmittelbar, frei, gleich und geheim sein.

Was eine Wahl demokratisch macht …

Schauen wir uns genauer an, was diese Kriterien bedeuten.[213]

Allgemein: An der Wahl dürfen im Grundsatz alle erwachsenen Bürgerinnen und Bürger teilnehmen, nicht nur ein kleiner Teil von ihnen. In früheren Jahrhunderten war zum Beispiel nur Leuten das Wählen erlaubt, die Land besaßen oder ein gewisses Vermögen. Diese Wahlen waren nach heutigem Maßstab nicht allgemein, denn sie bevorzugten manche Gruppen und schlossen andere aus.

Unmittelbar: In Deutschland werden die Abgeordneten

in den Parlamenten direkt vom Volk gewählt. In den USA ist das bei Präsidentenwahlen anders. Dort stimmen die Wahlberechtigten in jedem Bundesstaat separat über sogenannte Wahlmänner und -frauen ab, und die wählen dann den Präsidenten. Das führte bei der US-Wahl 2016 zu einer problematischen Situation. Die Wahlverliererin Hillary Clinton erhielt fast drei Millionen Stimmen mehr als der Wahlsieger – nur eben ungünstig auf die Bundesstaaten verteilt.[214]

Frei: Niemand darf zur Wahl einer bestimmten Partei oder Person gezwungen werden. Und niemand darf Menschen davon abhalten, bestimmte Parteien oder Kandidaten zu wählen. Die Entscheidung muss ganz den Wählerinnen und Wählern überlassen bleiben. Deshalb ist es in Deutschland auch verboten, eine weitere Person mit in die Wahlkabine zu nehmen. Außerdem dürfen am Wahltag keine Prognosen vor Schließung der Wahllokale (18 Uhr) veröffentlicht werden, um die Menschen, die noch nicht ihre Stimme abgegeben haben, nicht zu beeinflussen.

Gleich: Jede Stimme muss gleich viel wert sein, egal wie jung oder alt, reich oder arm, berühmt oder unbekannt jemand ist. Noch bis ins 20. Jahrhundert gab es in Preußen ein Dreiklassenwahlrecht.[215] Damals hing der Wert einer Stimme davon ab, wie viele Steuern jemand zahlte: je mehr Steuern, desto gewichtiger die Stimme.

Geheim: In den Wahllokalen stehen Kabinen, damit sich Wählerinnen und Wähler ungestört und unbeobachtet für ihre Favoriten entscheiden können. Um niemand anderen zu beeinflussen, faltet man den Wahlzettel in der Wahlkabine und wirft ihn dann in die Wahlurne. Niemand muss verraten, wen er oder sie gewählt hat. Das nennt man Wahlgeheimnis. Niemand darf nachträglich für seine Wahl Ärger bekommen oder sogar verfolgt werden.

So weit der Idealzustand einer demokratischen Wahl in Deutschland. Im Alltag funktionieren leider auch hierzulande Wahlen nicht immer reibungslos. Im Februar 2023 musste in Berlin die Wahl zum Abgeordnetenhaus wiederholt werden, im Februar 2024 ein Teil der Bundestagswahl. Am ursprünglichen Wahltag im September 2021 hatte es die Stadt Berlin für eine gute Idee gehalten, eine Kommunalwahl, eine Landtagswahl, eine Bundestagswahl, eine Volksabstimmung und einen großen Marathon gleichzeitig zu veranstalten. Wegen des Marathons waren viele Straßen gesperrt, und als man herausfand, dass in einigen Wahllokalen Stimmzettel fehlten, kamen die Autos mit den Stimmzetteln nicht mehr rechtzeitig durch. Die Wahl war also nicht mehr allgemein, weil manche Menschen nicht die Möglichkeit hatten, ihre Stimme rechtzeitig abzugeben.[216]

... und was eine Wahl undemokratisch macht

Seit Menschen wählen, gibt es Versuche, die Wahlen zu manipulieren. Wählen zu dürfen bedeutet zum Beispiel nicht automatisch, auch wählen zu können. Das zeigt ein Blick in die Geschichte – und leider auch in die Gegenwart.

Über Jahrhunderte lebten Schwarze in den USA in Sklaverei. Wählen durften sie nicht. Das änderte sich nach dem

Amerikanischen Bürgerkrieg Mitte des 19. Jahrhunderts. 1865 wurde die Sklaverei abgeschafft, fünf Jahre später erhielten Schwarze per Verfassungszusatz das Recht zu wählen.

Viele weiße Menschen in den südlichen US-Bundesstaaten, wo Sklaven auf Plantagen in sengender Hitze Baumwolle gepflückt hatten, lehnten das ab. Sie fürchteten den Einfluss der wahlberechtigten Schwarzen auf die Politik. Was, wenn sie mit ihren Stimmen Wahlen zu ihren Gunsten entschieden? Was, wenn sie einen der ihren in ein politisches Amt wählten?

Filmtipp: Lincoln (2012)

Um Schwarze vom Wählen abzuhalten, überlegten sich weiße Politiker einige Tricks. In Texas erließen sie zum Beispiel ein Gesetz, wonach nur diejenigen wählen durften, die eine Wahlsteuer zahlten.[217] Und die war nicht gering. Das Gesetz benachteiligte also Ärmere, die sich das Wählen kaum leisten konnten. Und wer hatte, nach jahrzehntelanger Sklaverei, oft wenig Geld? Vor allem Schwarze.

In Mississippi mussten sich Menschen für die Wahl registrieren lassen und dabei einen erniedrigenden Test über sich ergehen lassen.[218] Der Prüfer bei der Registerbehörde suchte einen Abschnitt aus der Verfassung des Bundesstaates heraus, und die Prüflinge mussten diesen Abschnitt wie im Deutschunterricht interpretieren.[219] Ob man zugelassen wurde oder nicht, hing damit von der Willkür des Prüfers ab.

Laut Gesetz mussten nicht alle diese Schikane mitmachen. Ein sogenannter »Großvaterparagraf«[220] sah oft Ausnahmen für Menschen vor, deren Vorfahren schon vor 1867 wählen durften.[221] Und wessen Vorfahren durften vor 1867 wählen, bevor die Sklaverei abgeschafft war? Vor allem Weiße.

Die rassistischen Gesetze hatten eine verheerende Wirkung. Um 1870 konnten noch über 90 Prozent aller Schwarzen in Mississippi wählen. Zwanzig Jahre später waren es weniger als 6 Prozent.[222]

Filmtipp: Selma (2014)

Das Fiese an solchen Gesetzen ist, dass die Gruppe, die benachteiligt werden soll, im Gesetz nicht ausdrücklich genannt wird. Es gab ja kein Gesetz, das ganz konkret Schwarze von der Wahl ausschloss. Die Diskriminierung kam gewissermaßen durch die Hintertür. Mit Regeln wie diesen wird deshalb bis heute in vielen Ländern getrickst. Manchmal sind es auch keine Gesetze, sondern andere Hindernisse, die Menschen vom Wählen abhalten.

In Saudi-Arabien durften Frauen im Jahr 2015 zum ersten Mal an Wahlen teilnehmen, wenn auch nur auf lokaler Ebene. Viele von ihnen besitzen aber keinen Personalausweis, und ohne den dürfen sie nicht wählen. Einen Ausweis können sie nur beantragen, wenn ihr Mann zustimmt.[223] Außerdem liegen die Ämter zur Wahlregistrierung viele Kilometer entfernt. Auto fahren war Frauen in Saudi-Arabien wiederum bis 2018 nicht erlaubt.[224] Sie waren also auf die Hilfe anderer angewiesen.

Das sogenannte »Gerrymandering« ist wiederum eine Erfindung aus den USA. Dabei werden Wahlkreise so zugeschnitten, dass eine bestimmte Partei mehr Sitze im Parlament oder mehr Stimmen bei der Präsidentenwahl bekommt. Benannt ist diese Trickserei nach dem früheren US-Gouverneur Elbridge Gerry. In seinem Bundesstaat Massachusetts wurde diese Methode zuerst angewendet.[225] In Texas etwa wurden 2021 nach diesem Verfahren Wahlkreise neu zugeschnitten. Damit stieg die Zahl der Kreise, in denen Republikaner die Mehrheit haben.[226]

All diese Beispiele zeigen, wie wichtig es ist, wachsam zu sein. Jede Änderung an einem Wahlsystem wirkt sich auf das Ergebnis aus.

Wenn du mithelfen willst, dass eine Wahl reibungslos stattfindet, kannst du dich als **Wahlhelferin oder Wahlhelfer** melden. Das ist zwar ein Ehrenamt, du bekommst aber ein sogenanntes Erfrischungsgeld. Das können 25 Euro sein oder auch 120 Euro, je nachdem, wo du wohnst und welche Tätigkeit du als Wahlhelfer ausübst. Einzige Voraussetzung: Du musst für die Wahl wahlberechtigt sein. Bei Europa- und einigen Kommunalwahlen gilt das ab 16 Jahren, bei Bundestags- und Landtagswahlen meist ab 18 Jahren. Ganz wichtig: Dir bleibt natürlich auch Zeit, um selbst zu wählen. Infos findest du unter anderem auf der Website der Bundeswahlleiterin.

Keine halben Sachen mehr: die Einführung des Frauenwahlrechts

Nur männliche Bürger durften im antiken Athen wählen. Nur männliche Adelige durften im England des Mittelalters mitentscheiden. Nur Männer mit einem gewissen Vermögen durften im Deutschland des frühen 19. Jahrhunderts wählen, später waren es dann Männer ab 25 Jahren.[227] Fehlt da nicht was? Genau.

Frauen stellen in vielen Staaten der Welt die Mehrheit, und der Begriff Demokratie ist mehr als 2500 Jahre alt.[228] Aber auf die naheliegende Idee, dass Frauen in Demokratien das gleiche Stimmrecht haben sollten wie Männer, kam man in den meisten Ländern der Welt erst vor etwa 100 Jahren.[229] Eine Minderheit (Männer) herrschte also über eine Mehrheit (Frauen), und die Mehrheit konnte das aus eigener Kraft auch nicht ändern. Nach heutigem Maßstab kann man das eigentlich nicht Demokratie nennen.

In Neuseeland durften Frauen ab 1893 mitwählen. In Europa lag damals die Macht noch fast ausschließlich in der Hand von Männern. Das änderte sich nach dem Ersten Weltkrieg, also ab 1918/1919.[230] Während Millionen von Männern an der Front gekämpft hatten, mussten Frauen die Gesellschaft zusammenhalten – auch in Positionen, die bis dahin als klassisch männlich angesehen wurden. Logisch, dass Frauen dann auch mehr Mitspracherecht forderten. Erst jetzt reifte in vielen Köpfen die Überzeugung, dass zu einer Volksherrschaft auch die andere Hälfte des Volkes dazugehört.[231]

Der Kampf um das Frauenwahlrecht verlief dabei fast

immer friedlich. Anders in Großbritannien: Dort waren einige der Suffragetten – so nannten sich die Wahlrechtsaktivistinnen – berüchtigt für ihre Anschläge.[232] Ab 1912 verschickten sie Briefbomben, attackierten Politiker und warfen Brandsätze in Briefkästen.[233] Mehrere Menschen wurden dabei getötet oder verletzt. Die Suffragetten glaubten, ihre Ziele nur mit Gewalt durchsetzen zu können. Emmeline Pankhurst, eine ihrer Anführerinnen, nannte diese Aktionen selbst »Terror«.[234] Der Staat wiederum setzte Gewalt gegen die Suffragetten ein.[235]

Binnen weniger Jahre wurde dann in den meisten europäischen Ländern das Wahlrecht für alle eingeführt. Die Schweiz zog erst 1971 nach. Im Schweizer Kanton Appenzell-Innerrhoden durften Frauen sogar erst 1991 bei Kantonswahlen mitstimmen. Ihr Wahlrecht mussten sie vor Gericht durchsetzen. Denn in einer reinen Männer-Volksabstimmung hatten die Herren kurz zuvor noch entschieden: Frauen sollen nicht wählen dürfen.[236]

Schlusslicht in Europa war Liechtenstein, das kleine Fürstentum zwischen Österreich und der Schweiz. Dort brauchten die Männer drei Volksentscheide (1971, 1973 und 1984), um das Frauenwahlrecht einzuführen. Erst im dritten Anlauf sagte eine sehr knappe Mehrheit der Männer »Ja«.[237]

FILM TIPP Filmtipp: Die göttliche Ordnung (2017)

»Politik ist eine viel zu ernste Sache, als dass man sie allein den Männern überlassen könnte.«[238] Als die SPD-Politikerin

Käte Strobel diesen Satz 1959 sagte, meinte sie ihn vermutlich nur halb im Scherz. Zehn Jahre war die Bundesrepublik damals schon alt, und nicht eine einzige Frau hatte bis dahin als Bundesministerin amtiert. Strobels CDU-Kolleginnen wollten sich das nicht länger bieten lassen. Nicht einer Klage, sondern einer Art Sitzstreik hat Deutschland seine erste Ministerin zu verdanken.[239] Bundeskanzler Konrad Adenauer hatte schon in den 1950er-Jahren versprochen, eine Frau ins Kabinett zu berufen. Aber selbst nach der Wahl 1961 war nicht klar, ob Adenauer sich endlich an sein Wort halten würde. Also setzten sich weibliche CDU-Abgeordnete eines Tages so lange ins Kanzleramt, bis Adenauer ihrer Forderung zustimmte. Als erste Frau nahm er die CDU-Politikerin Elisabeth Schwarzhaupt ins Kabinett auf, als Bundesministerin für Gesundheit.[240] Käte Strobel von der SPD wurde später eine ihrer Nachfolgerinnen.[241]

FILM TIPP Filmtipp: Die Unbeugsamen (2021)

Das Ringen um das Wahlrecht zeigt: Abstimmungen sind nicht per se demokratisch. Erst recht nicht, wenn Entscheidungen von einer Minderheit getroffen werden. Eine Wahl ist nur die Form, wie etwas entschieden wird. Wichtig ist auch der Inhalt – ob mit der Abstimmung etwa anderen Menschen Rechte vorenthalten oder genommen werden.

Man kann auf diese Zeit zurückblicken und sagen: Das war wirklich ungerecht – aber jetzt ist das Wahlrecht für alle ja da. Allerdings sind Frauen in der Politik noch immer unterrepräsentiert. Im Deutschen Bundestag sind nur etwas mehr als ein Drittel der Abgeordneten weiblich. Die Gleichberechtigung ist also noch immer nicht abgeschlossen.

Man kann den Kampf um das Frauenwahlrecht aber auch als Mahnung sehen, sich in der Gegenwart zu überlegen: Wer darf nicht mitentscheiden? Wem fällt es schwer, sich zu beteiligen und mitzubestimmen? Wen habe ich nicht mitbedacht?

Gut 60 Millionen Menschen waren bei der Bundestagswahl 2021 wahlberechtigt.[242] In Deutschland wohnen allerdings mehr als 84 Millionen. Jeder vierte Mensch in Deutschland darf also nicht an Wahlen teilnehmen. Die beiden größten Gruppen sind Kinder und Jugendliche[243] und Menschen ohne deutsche Staatsangehörigkeit.[244]

Die meisten Entscheidungen, die wir in der Demokratie treffen, gelten aber auch für diese Gruppen mit. Im Reichstagsgebäude wird der Unterschied auch symbolisch dargestellt. »Dem deutschen Volke« steht über dem Eingang des Bundestages geschrieben. Im Inneren des Gebäudes hingegen, in einem der Lichthöfe, ist als Kunstwerk ein Schriftzug angebracht: »Der Bevölkerung«. Zum Staatsvolk gehören alle Menschen mit deutscher Staatsbürgerschaft, zur Bevölkerung alle, die in Deutschland leben. Vielleicht liest ja sogar gerade ein Mensch diese Zeilen, der selbst (noch) nicht wählen darf. Sicher würdest du dich freuen, wenn die, die wählen können, dich bei ihrer Wahl mitbedenken.

Kurioses rund um Wahlen in aller Welt

Deutsche Outsider

Inmitten der Schweiz wohnen – und trotzdem den Bundestag wählen: Für die Einwohner von Büsingen ist das normal. Die Gemeinde am Rhein ist vollständig von Schweizer Staatsgebiet umgeben. Politisch aber gehört Büsingen zu Deutschland.[245] Der kleine Ort mit rund 1600 Einwohnern ist die einzige deutsche Exklave dieser Art, also ein Territorium außerhalb des eigentlichen Staatsgebietes.

Aufgestanden, Platz vergangen

Das britische Unterhaus, vergleichbar mit dem Deutschen Bundestag, hat weniger Sitzplätze als Mitglieder. Für rund 650 gewählte Volksvertreterinnen und Volksvertreter stehen nur etwa 430 Plätze auf grünen Lederbänken zur Verfügung. Wer zu spät kommt, muss also während der Debatten stehen.[246] Applaudieren sollten die Abgeordneten übrigens auch nicht: Klatschen nach einer Rede ist in normalen Sitzungen nicht erlaubt.[247]

Hauptsache Italien

Der Chefredakteur der Wochenzeitung »Die Zeit«, Giovanni di Lorenzo, verplapperte sich einst in einer Talkshow. Er erzählte, er habe bei der Wahl zum Europaparlament zweimal seine Stimme abgegeben. Di Lorenzo ist italienischer und deutscher Staatsbürger, deshalb sah er sich dazu berechtigt. Bei der Wahl zum Europaparlament darf man aber nur einmal wählen. Es gilt das alte demokratische Prinzip: ein Bürger, eine Stimme. Ein Unbekannter zeigte di Lorenzo daraufhin an, und die Staatsanwaltschaft ermittelte. Di Lorenzo musste einen Geldbetrag zahlen.[248]

Jeder nur ein Kreuz

Auch der Papst wird gewählt – aber eine Demokratie ist der Vatikan natürlich trotzdem nicht. Es gibt keine Volksvertretung im Sinne eines Parlaments. Das kleinste Land der Welt gilt deshalb als absolute Monarchie. So nennt man Staatsformen, in denen der Alleinherrscher nicht an eine Verfassung gebunden ist. Gekürt wird der Papst im sogenannten Konklave, der Zusammenkunft der Kardinäle, in der Sixtinischen Kapelle in Rom. Wahlberechtigt sind alle Kardinäle bis zum Alter von 79 Jahren.

Nur gucken, nicht ankreuzen

Washington, D. C. ist die Hauptstadt der USA und damit Sitz des Parlamentes, der Regierung und des Obersten Gerichts. Doch ein mehr als 200 Jahre altes Gesetz schreibt vor, dass die Washingtoner keine stimmberechtigten Abgeordneten ins Parlament wählen können.[249] Sie zahlen Steuern, dürfen aber nicht darüber entscheiden, wie die Steuern verwendet werden.[250] Den Menschen in Washington geht das ziemlich auf die Nerven. Ihren Ärger darüber drucken sie sogar auf ihre Autokennzeichen: »End taxation without representation«, steht dort bei vielen, also »Schluss mit der Besteuerung ohne politische Vertretung!«.[251] Immerhin: Seit 1961 dürfen sie den US-Präsidenten wählen, wie die 50 Bundesstaaten der USA auch.[252]

Der Zwang zur freien Wahl

In Belgien besteht Wahlpflicht. Wer alt genug ist, muss also wählen gehen. Trotzdem geben immer nur rund 90 Prozent der Wahlberechtigten ihre Stimme ab. Und der Rest wird bestraft? Nein, so einfach ist es nicht. Theoretisch muss ein Bußgeld von 40 bis 80 Euro zahlen, wer nicht wählen geht. Aber wirklich streng verfolgt der belgische Staat die »Wahlsünder« nicht. Nur die Wahlhelfer dürfen nicht fehlen.[253] Und wer vier Mal innerhalb von 15 Jahren nicht wählen geht, kann sogar sein Wahlrecht für zehn Jahre verlieren.[254]

Gesichter der Demokratie: ***Mario Schatta*** *(DDR)* **1963*

Schon als Jugendlicher legte sich Mario Schatta mit der Stasi an, dem Geheimdienst der DDR. Mal trug er verbotene Aufnäher auf seiner Jacke[255], mal klebte er Plakate gegen die staatliche Zensur.[256] Auch seinen Wehrdienst leisten wollte er nicht, denn er sah sich als Pazifist. Krieg und das Militär lehnte er von Grund auf ab. Für seinen Widerstand gegen die Behörden wurde er immer wieder festgenommen.[257]

Nach einer Ausbildung zum Tischler wurde Schatta Diakon in einer evangelischen Gemeinde in Berlin-Weißensee. Er gründete einen sogenannten Friedenskreis, protestierte mit Flugblättern gegen die Aufrüstung beider deutscher Staaten, im Westen wie im Osten. Diese Friedensgruppen, oft unter dem Dach der Kirchen, waren Zentren des Widerstands in der DDR.[258]

Im Mai 1989 standen Kommunalwahlen in der DDR an. »Zettelfalten« nannten das viele, denn Kästchen zum Ankreuzen gab es ja nicht. Dass sie bei der Abstimmung keine echte Wahl hatten, war den meisten Bürgerinnen und Bürgern des Landers klar. Und trotzdem half die Staatsführung offenbar nach, fälschte die Zustimmungsrate immer wieder nach oben, auf fast 100 Prozent. Ein absurd hoher Wert.

Bürgerrechtler riefen im Mai 1989 dazu auf, bei den Wahlen genau hinzuschauen. Auch die Friedenskreise beteiligten sich an der Aktion. In Weißensee schmiedeten Schatta, damals Mitte 20, und seine Gemeindemitglieder einen besonderen Plan: In jedes Wahllokal des Bezirks wollten sie drei Wahlbeobachter schicken, damit sie die Auszählung überwachen. Würden wirklich alle Nein-Stimmen gezählt? Oder würde wieder im Fernsehen eine erfundene Zustimmung von fast 100 Prozent verkündet? Mit Nein zu stimmen war übrigens gar nicht so leicht: Man hätte alle Namen auf dem Zettel einzeln durchstreichen müssen.[259]

Wie die gesamte Gesellschaft wurden auch die Friedenskreise vom Geheimdienst überwacht. Trotzdem fanden Schatta und seine Leute genügend Freiwillige für fast alle Wahllokale. Sie zählten mehr als 2000 Nein-Stimmen, verkündet wurden aber nur knapp über 1000.[260] Das war zwar eine Minderheit, aber selbst die versuchte der Staat noch zu verkleinern. Im Fernsehen der DDR verkündete der Leiter der Zentralen Wahlkommission: 98,85 Prozent Ja-Stimmen. Es war eine Lüge.[261]

Dank des Einsatzes von Menschen wie Schatta wurde der DDR ein systematischer Wahlbetrug nachgewiesen. Schnell machten die Zahlen aus Berlin-Weißensee die Runde. Aus Protest gegen die Fälschungen gingen in den Wochen nach der Wahl immer mehr Menschen auf die Straße. Am Wahltag selbst demonstrierten in Leipzig gerade mal 50 Leute, doch in den Wochen darauf wurden die Proteste zur Massenbewegung.[262] Am 7. Oktober versammelten sich Tausende auf dem Berliner Alexanderplatz zur »Wahldemo«. Die Polizei prügelte auf die Demonstrierenden ein, Hunderte werden festgenommen. Doch ihr Ruf, »Wir sind das

Volk«, war stärker.[263] Die Gewalt der Polizisten half nichts mehr. Einen Monat später fiel die Berliner Mauer, ein Jahr später feierte Deutschland seine Wiedervereinigung. Die DDR war Geschichte.

KAPITEL 6

Die vierte Gewalt: Warum freie Medien unerlässlich sind

Im Dezember 2011 erhielt der Chefredakteur der »Bild«-Zeitung, Kai Diekmann, einen Anruf auf seinem Handy. Er ging nicht ans Telefon, also sprang die Mailbox an. »Guten Abend, Herr Diekmann«, sprach der Anrufer aufs Band, »ich rufe Sie an aus Kuwait. Bin grad auf dem Weg zum Emir.«

So harmlos und ein bisschen eigenartig begann ein Anruf, der einer der berühmtesten in der bundesdeutschen Geschichte wurde.[264] Zwei Monate später war einer der beiden Männer seinen Job los – und es war nicht der Chefredakteur der »Bild«-Zeitung.

Am anderen Ende der Leitung sprach nämlich nicht irgendwer, sondern der damalige Bundespräsident, Christian Wulff. Seit Monaten recherchierten Medien ihm hinterher. Es ging um Kredite für einen Hauskauf, um gesponserte Ferienreisen, selbst um das Bobbycar seines Sohnes.[265] Es bestand der Verdacht, der Bundespräsident würde Geschenke annehmen und im Gegenzug dazu Vorteile gewähren, zum Beispiel in seinen Amtssitz Schloss Bellevue einladen.

Die »Bild« arbeitete gerade an einem neuen Artikel über ihn. Wulff wusste davon und nahm in seinem Anruf darauf direkt Bezug: Er sei bereit mit den Journalisten der »Bild« zu reden. Er wolle auch ihre Fragen beantworten. »Und dann«, sagte Wulff, »können wir entscheiden, wie wir den Krieg führen.« Falls der geplante Artikel morgen in der Zeitung erschiene, würde das »zum endgültigen Bruch« mit dem Springer-Verlag führen – dem Verlag also, in dem die »Bild«-Zeitung erscheint.

»Krieg« mit der Presse, ein »Bruch« mit einem Verlag: So sollte ein Bundespräsident nicht reden. Nicht vor Kameras, nicht in kleiner Runde, auch nicht am Telefon. Wulff verstieß damit gegen eine der wichtigsten Spielregeln der Demokratie. Sie lautet: Politiker bedrohen keine Journalisten. Sie sagen auch nichts, was als Drohung aufgefasst werden kann. Denn wer die Pressefreiheit infrage stellt, untergräbt damit auch die Demokratie.

Pressefreiheit – schon der Begriff zeigt, wie alt diese Idee eigentlich ist. Er stammt aus einer Zeit, in der fast alle Medien noch mit der Druckerpresse hergestellt wurden. Mit der Forderung nach Pressefreiheit, nach Zeitungen ohne staatliche Zensur, gingen Studenten schon im 19. Jahrhundert auf die Barrikaden.

Heute wird natürlich nur noch ein kleiner Teil der Medien gedruckt. Menschen hören auch Radio, lesen News-Seiten auf dem Handy oder schauen Fernsehnachrichten. Der Begriff »Pressefreiheit« aber blieb.

Egal in welcher Form Medien etwas veröffentlichen, ob auf Papier, bei Instagram oder in der Tagesschau: Pressefreiheit bedeutet, dass Journalistinnen und Journalisten selbst entscheiden, was sie recherchieren und schreiben.

Kein Bundespräsident, keine Ministerin, kein Bundestagsabgeordneter darf sie dazu zwingen oder davon abhalten. Kein Demo-Teilnehmer darf ihnen Gewalt androhen, wenn sie Fragen stellen. Keine Chefredakteurin darf ihrer Redaktion verbieten, Artikel über einen Bank-Chef zu veröffentlichen, nur weil sie ihn persönlich gut kennt.

Filmtipp: Spotlight (2015)

Die wichtigste Aufgabe von Journalistinnen und Journalisten ist es, Menschen in Machtpositionen auf die Finger zu schauen. Wo gibt es in einer Regierung Korruption? Wer hat sein Amt missbraucht, um sich privat Vorteile zu verschaffen? Halten große Konzerne die Umweltstandards ein, zu denen sie sich verpflichtet haben? Um all das herauszufinden, braucht es Reporterinnen und Redakteure, die frei und unabhängig von staatlichem und wirtschaftlichem Einfluss arbeiten können.

Journalistinnen dürfen dabei auch nerven. Manchmal müssen sie es. So wie die ARD-Moderatorin Sandra Maischberger, als sie mal wieder Olaf Scholz in ihrer Talkshow zu Besuch hat. Als der Bundeskanzler bei einer Antwort rumdruckst und ausweichen will, konterte sie trocken: »Netter Ablenkungsversuch. War aber nicht die Frage.«[266] Leider gibt es Länder auf der Welt, in denen eine Journalistin wegen einer Sendung wie dieser um ihre Sicherheit fürchten müsste – wenn sich der Regierungschef überhaupt offenen Fragen stellt.

Die Organisation **Reporter ohne Grenzen** (ROG) setzt sich weltweit für Journalistinnen und Journalisten ein, die wegen ihrer Arbeit verfolgt werden. Jedes Jahr veröffentlicht ROG eine Rangliste der Pressefreiheit auf der Welt. Auf den vorderen Plätzen landen Demokratien wie Norwegen und Irland, Schlusslichter sind China und Nordkorea. Deutschland liegt meist in den Top 20.

Eine Demokratie ist ohne freie Medien nicht denkbar. Sie müssen berichten, was in der Welt geschieht, damit sich Wählerinnen und Wähler ein informiertes Urteil bilden können. Deshalb werden Medien oft als »vierte Gewalt« im Staat bezeichnet. Neben der Regierung, dem Parlament und den Gerichten sind sie eine tragende Säule der Demokratie. Bekommt diese Säule Brüche, dann gerät die Demokratie als Ganzes ins Wanken.

»Halten Sie Ihre Pressefreiheit nicht für selbstverständlich!«, sagte der türkische Journalist Can Dündar im Jahr 2023 bei einer Preisverleihung in Deutschland. »Wenn Sie sie verlieren, verlieren Sie nicht nur einen Berufsstand, die Journalisten, sondern ein ganzes Land.«[267] Dündar selbst musste aus seinem Heimatland fliehen. Heute wohnt er in Deutschland. In der Türkei drohen dem Journalisten viele Jahre Haft. Sein »Verbrechen«: Seine damalige Zeitung berichtete, dass der türkische Geheimdienst an Waffenlieferungen an syrische Islamisten beteiligt war.[268] Das reichte, um ihn vor Gericht zu bringen.

Nicht immer ist es der Staat, vor dem sich Journalistinnen und Journalisten fürchten müssen. Der Brite Dan McCrum und die Italienerin Stefania Palma recherchierten jahrelang zur deutschen Firma Wirecard.[269] Das Finanzunternehmen täuschte vor, mehr Geld zu haben, als es tatsächlich besaß. Die beiden spürten der Sache nach – und wurden bedroht. Wirecard ließ McCrum von mehreren Detektiven beschatten, eine deutsche Finanzbehörde zeigte die beiden sogar an, die Staatsanwaltschaft ermittelte.[270] Obwohl ihnen viele nicht glaubten, machte das Duo weiter. Mit Erfolg, denn der Skandal flog letztlich auf. Wirecard ist jetzt auch offiziell pleite, der Chef des Unternehmens sitzt in Haft, nach einem ehemaligen Vorstandsmitglied wird gefahndet[271] – und McCrums Geschichte kann man sich auf Netflix anschauen.

Filmtipp: Skandal! Der Sturz von Wirecard (2022)

Die Hartnäckigkeit einiger weniger Menschen im Fall Wirecard zahlte sich aus. Für andere endeten ihre Recherchen hingegen tödlich. In den vergangenen Jahren wurden in der EU mehrere Journalistinnen und Journalisten ermordet. Eine Journalistin aus Malta wurde Opfer einer Autobombe.[272] Ein niederländischer Reporter wurde auf der Straße erschossen[273], ein slowakischer Journalist, 27 Jahre alt, in seinem Haus.[274] Oft waren es Auftragskiller, die die Morde ausführten. Doch den Auftrag dazu gaben mutmaßlich Menschen aus der Politik oder der Wirtschaft.

Wer Journalistinnen tötet, kann die Story nicht killen: Nach diesem Grundsatz haben sich einige der besten Reporterinnen und Reporter der Welt zum Netzwerk **Forbidden Stories** (verbotene Geschichten) zusammengeschlossen. Sie recherchieren und veröffentlichen die Storys von Journalisten, die das selbst nicht mehr können – weil sie bedroht, verhaftet oder getötet wurden.

Die Bedrohung der Pressefreiheit kann heute auch in der Hosentasche stecken. In Ungarn bemerkten Journalisten im Jahr 2021, dass auf ihrem Handy eine Spionage-Software installiert war.[275] Das Programm »Pegasus« kann auf die Kamera und das Mikro zugreifen, es kann erkennen, welche Passwörter man nutzt und wo man sich gerade aufhält. Die Betroffenen haben also ein Abhörgerät in der Tasche, ohne es zu merken. »Pegasus« wurde von staatlichen Stellen gegen Hunderte von Menschen in mehreren Ländern eingesetzt, darunter auch vom Geheimdienst in Ungarn. Ein klarer Verstoß gegen die Pressefreiheit. Wenn Journalistinnen ihre Informanten treffen, nehmen sie deshalb in einigen Fällen vorsorglich kein Handy mit oder schalten es aus.

Filmtipp: She said (2022)

So wichtig die Pressefreiheit auch ist: Sie ist nicht grenzenlos. Wie jede Freiheit kann auch sie missbraucht werden. Journalisten dürfen schreiben, was sie wollen, aber es muss wahr sein. Fühlen sich Menschen in Artikeln falsch wiedergegeben, können sie das korrigieren lassen. Und natürlich kann man gegen eine falsche Berichterstattung auch klagen. In Deutschland wacht der sogenannte Presserat darüber, dass sich Medien an Grundregeln halten. Denn auch Journalistinnen und Journalisten machen Fehler. Wichtig ist, wie man damit umgeht.

»Sagen, was ist«: In großen Buchstaben steht dieses Motto in der Eingangshalle des Magazins »Der Spiegel« an der Wand.[276] Es ist ein Satz des »Spiegel«-Gründers Rudolf Augstein. In diese Eingangshalle in Hamburg wurden im Dezember 2018 alle Redakteurinnen und Redakteure des »Spiegel« gerufen. Die Chefredaktion teilte ihnen mit, dass einer von ihnen, Claas Relotius, einen großen Teil seiner Artikel erfunden hatte. Viele der von ihm geschriebenen Geschichten sind nie passiert, einige Interviews komplett ausgedacht.[277]

Relotius hatte die Privilegien der Pressefreiheit ausgenutzt, um anderen zu schaden. Vor seiner Zeit beim »Spiegel« hatte Relotius auch für andere Medien geschrieben, nicht nur in Deutschland, sondern auch in Österreich und der Schweiz.

Als der Relotius-Skandal vom »Spiegel« selbst aufgearbeitet wurde, erschien eine sehr besondere Ausgabe des Magazins am Kiosk. Das Titelblatt war ganz im »Spiegel«-typischen Rot gehalten, es zeigte kein Foto und keine Werbung. In der Mitte des Covers war in großen Buchstaben ein kurzer Schriftzug zu lesen: »Sagen, was ist.«

So viel kriminelle Energie wie im Fall Relotius muss aber

gar nicht im Spiel sein, damit Journalismus der Demokratie schaden kann. Medien neigen manchmal dazu, Dinge zu überspitzen oder zu skandalisieren. Als SPD und Grüne in Berlin überlegten, auch nach Verlusten bei der nächsten Wahl weiter zusammen zu regieren, schrieb die »Bild« in bekannt großen Buchstaben: »Rot-Grün bereitet Wahl-Klau gegen die CDU vor«.[278] Das war natürlich Unsinn: Auch Zweit- und Drittplatzierte können zusammen Regierungen anführen. Mit Schlagzeilen wie diesen untergräbt man das Vertrauen in unsere Wahlen.

Verglichen mit vielen der hier geschilderten Fälle war Bundespräsident Christian Wulffs Anruf beim »Bild«-Chef recht harmlos. Aber je allergischer eine Gesellschaft auf Angriffe aller Art gegen Medien reagiert, desto besser. Wenige Tage nach dem Anruf entschuldigte sich Wulff bei Diekmann für die Nachricht.[279] Zwei Monate später trat er von seinem Amt als Bundespräsident zurück. Er hatte zwar keine Wahl verloren, aber das Vertrauen vieler Bürgerinnen und Bürger. In einer Demokratie ist das ähnlich viel wert. Vom Vorwurf der Korruption wurde er allerdings freigesprochen.[280]

Kai Diekmann blieb noch einige Jahre lang Chefredakteur der »Bild«. Sein Handy von damals, ein schwarzes Blackberry, liegt mittlerweile im Museum »Haus der Geschichte« in Bonn.[281] Es war eben ein historischer Anruf.

Demokratie digital: Internet und Social Media

Auf der einen Seite: ein YouTuber mit blauen Haaren im orangefarbenen Kapuzenpulli. Auf der anderen Seite: die CDU, eine Volkspartei mit mehreren Hunderttausend Mitgliedern. Als sich 2019 der Youtuber Rezo vor die Kamera setzte und die Aufnahme für seine Wutrede gegen die CDU startete, hätte er selbst wohl nicht damit gerechnet, was er damit auslöste. Noch in den 2000er-Jahren wäre es undenkbar gewesen, dass ein Video wie »Die Zerstörung der CDU« von Rezo so viel Reichweite bekommt – und so viel bewegt. Binnen einer Woche wurde das Video über Klima- und Sozialpolitik mehr als 5 Millionen Mal[282] angeschaut, bis heute sind es mehr als 20 Millionen.[283] Das alles sind natürlich potenzielle Wählerinnen und Wähler, also musste die CDU reagieren. Elf Seiten umfasst das PDF, in dem die Partei Punkt für Punkt Rezos Vorwürfen begegnete.[284] Man musste weder die Kritik von Rezo teilen noch die Thesen der CDU, um zu sehen: Das war eine Sternstunde digitaler Demokratie.

Bis zur Verbreitung des Internets waren die meisten Menschen fast nur Empfänger von Nachrichten. Sie lasen die Zeitung, schauten abends fern, hörten auf dem Weg zur Arbeit Radio. Heute sind wir alle nicht nur Empfänger, sondern auch Sender: In Sekundenbruchteilen können wir Nachrichten und Videos um die Welt schicken, auf WhatsApp, TikTok oder Instagram. Das macht es uns viel leichter als früher, an der Demokratie, an der öffentlichen Debatte teilzuhaben. Aber es macht es auch schwieriger, richtig von falsch zu unterscheiden.

Die Vorteile des Internets liegen auf der Hand, im wahrsten Sinne des Wortes. Unser Smartphone eröffnet uns den Zugang zu so vielem, was noch vor 30 Jahren kaum möglich gewesen wäre. Unterschriften für etwas zu sammeln war früher eine mühselige und begrenzte Angelegenheit. Man stand in verregneten Fußgängerzonen, wurde nass und verlor früher oder später die Geduld. Heute können wir Petitionen online stellen, also schriftliche Bitten an Politikerinnen und Politiker, etwas zu tun oder zu lassen. Bei der größten deutschen Online-Petition kamen mehr als 1,6 Millionen Unterschriften zusammen.[285]

Wenn zur Reichweite sozialer Netzwerke noch die Berühmtheit eines Stars kommt, kann das viel bewegen. Das merkte im Sommer 2023 auch die Plattform vote.org. Dort kann man sich in den USA zum Wählen registrieren. »Ich habe gehört, wie ihr eure Stimme erhoben habt, und ich weiß, wie kraftvoll sie sein kann«, schrieb Taylor Swift ihren Fans in den USA auf Instagram. »Denkt daran, sie auch bei unserer Wahl dieses Jahr zu nutzen!« Swift verlinkte in ihrer Instagram-Story auf vote.org – und schon stieg dort die Zahl die Registrierungen an.[286]

Auch Parteien, Medien und Vereine nutzen Social-Media-Accounts, denen wir folgen können. Auf Plattformen wie Instagram, X (früher Twitter) und Facebook können Politikerinnen und Politiker sich direkt mit Menschen austauschen. Sie können uns virtuell mitnehmen zu ihren Terminen und Reden, auf ihre Reisen und in ihren Wahlkreis. Formate wie Insta-Lives oder Zoom-Meetings fanden noch vor der Corona-Pandemie nur sehr selten statt.

Heute sind Online-Veranstaltungen auch in der Politik normal.

Was dabei auf den Plattformen immer gut läuft, sind laute, emotionale Inhalte. Videos, die uns berühren. Bilder, die uns wütend machen. Posts, die einfach nur gut unterhalten. Politik ist aber oft leise, langsam und vor allem: kompliziert. Davon profitieren zum Beispiel diejenigen, die gerne maßlos übertreiben, vermeintlich einfache Antworten auf komplizierte Fragen geben und Falschbehauptungen verbreiten (siehe Kapitel 10). Der »Spiegel« hat im Oktober 2023 untersucht, was einem neu angelegten Account auf TikTok angezeigt wird, wenn man den Suchbegriff »bundestag« eingibt. In acht von zehn Fällen bekamen sie ein Video »pro AfD« angezeigt.[287] Die sozialen Medien bilden also nicht die politische Landschaft in Deutschland eins zu eins ab. Das müssen sie auch nicht – aber es ist wichtig zu wissen, dass populistische und extreme Parteien im Netz oft mehr Follower haben. Und damit tauchen sie auch häufiger in unseren Feeds auf.

Der Kampf gegen Fakes

Die Überschrift klang furchterregend: »Eine Schule in Bremen explodierte, weil man versuchte, Gas zu sparen«. So stand es im Sommer 2022 auf einer Online-Nachrichtenseite.[288] Auch beim zweiten Lesen ergab diese Zeile keinen Sinn. Eine Explosion, weil jemand Gas sparte? Wie soll das funktionieren? Aber die Website mit dem Artikel sah aus wie die Seite des »Spiegel«, eines eigentlich seriösen Mediums. Der Link zur Seite wurde zudem oft geteilt, auf Facebook und Telegram.

Viele Shares hatten auch die Geschichte von einem »Marius« aus Berlin.[289] Lesen konnte man sie auf einer Website, die aussah wie das Online-Portal der »Bild«-Zeitung.[290] Angeblich hatte der achtjährige »Marius« einen schweren Fahrradunfall, weil die Laternen auf der Straße nicht eingeschaltet waren.

Was die beiden Websites gemeinsam hatten: Sie waren gefälscht. Es gab keine Explosion und keinen Fahrradunfall dieser Art. Die Falschbehauptungen sollten Menschen in die Irre führen. Sie waren ein Versuch, mit Lügen Stimmung zu machen.

Tatsächlich hatten Spitzenpolitiker im Herbst 2022 empfohlen, Gas und Strom zu sparen. Nach dem Beginn des russischen Angriffskriegs gegen die Ukraine musste Deutschland unabhängiger werden von russischem Öl und Gas. Aber die Website-Fälscher wollten offenbar Menschen davon überzeugen, dass das ein falscher Weg ist.[291]

Jedes Medium, mit dem Menschen kommunizieren, wird auch für Fälschungen genutzt. Das gilt seit Jahrhunderten, für Bücher wie fürs Telefon, fürs Radio wie für Flugblätter. Was das Internet als Medium so besonders macht, ist die Geschwindigkeit und die globale Verbreitung, die es bietet. Fake-Seiten wie die eingangs genannten könnten in Kanada erstellt werden oder in der Mongolei, sie würden trotzdem ein deutsches Publikum erreichen. Damit schaden sie der Demokratie – denn die baut darauf, dass Wahlberechtigte eine informierte Entscheidung treffen.

Fake-Websites zu erstellen ist nur eine von vielen Techniken, mit denen online die Demokratie beeinflusst wird. In der Slowakei verbreiteten Nutzer zwei Tage vor einer Wahl eine Audio-Nachricht auf TikTok, Facebook und anderen Plattformen. Man hörte darin einen Parteivorsitzenden und eine Journalistin reden. Sie sprachen darüber, die Wahl zu manipulieren. Auch diese Audio-Nachricht war jedoch ein Fake. Sie wurde mit künstlicher Intelligenz erstellt.[292] Offenbar wollte jemand erreichen, dass die Partei bei der Wahl weniger Stimmen bekommt. Einen ähnlichen Fall gab es 2023 auch in Großbritannien: Auf X verbreitete sich ein Audio-Fake des britischen Oppositionsführers. Mehr als eine Million Mal wurde die Nachricht angehört.[293]

Beliebt sind auch Sharepics mit angeblichen Zitaten von Parteivorsitzenden, Ministerinnen[294] oder auch Stars wie Beyoncé oder Ronaldo, die sich angeblich politisch geäußert haben.[295] Mal sind die Zitate echt, mal schlicht erfunden oder aus dem Zusammenhang gerissen. Aber sobald jemand ein Porträtbild mit einem Zitat daneben online verbreitet, gibt es immer Menschen, die das unhinterfragt glauben. Dabei macht es ja einen Unterschied, ob eine Politikerin ein peinliches Zitat gesagt hat oder nicht. Auf Facebook gibt es sogar Seiten voller angeblicher Zitate von Albert Einstein, die gar nicht von ihm stammen.[296]

Fakes entlarven

Die gute Nachricht: Gegenüber solchen Online-Fakes sind wir nicht machtlos. Den Audio-Fake hätte man erkennen können: Die Stimmen in der Audio-Nachricht klangen an einigen Stellen unecht, eben künstlich. Bei der Fake-Website stand nicht spiegel.de oder bild.de in der URL-Zeile, sondern www-spiegel-de.spiegel.fun und bild.vip.de.

Aber seien wir ehrlich: Oft scrollen wir schnell durch die Videos oder lesen einen Artikel nur quer. Genau das ist das Problem. Menschen, die Falschbehauptungen verbreiten, machen sich unsere Ungeduld und unsere Faulheit im Internet zunutze.

Was daher immer hilft: sich Zeit nehmen und die Quelle hinterfragen. Woher will genau dieser Account das wissen? Warum sollte ich glauben, dass dieses Video, dieses Bild wirklich zeigt, was behauptet wird? Gibt es im Netz noch weitere Aufnahmen davon? Haben auch andere Medien berichtet?

Das ist natürlich leicht gesagt, wenn ein Video bei TikTok durch deine »For You«-Page rauscht. Vielleicht findest du es auch ein bisschen viel verlangt, immer alles prüfen zu müssen. Zu vielen Themen findest du deshalb im Netz auch Faktenchecks von Journalistinnen und Journalisten. Sie erklären, warum sie etwas glaubhaft finden oder warum nicht. In den Faktenchecks sind immer auch die Quellen verlinkt. So kannst du selbst recherchieren und prüfen, ob du zum selben Ergebnis kommst wie die Faktenchecks.

Apropos Recherche: Seit einiger Zeit nutzen immer mehr Menschen künstliche Intelligenz – um Texte zu schreiben und Bilder zu erzeugen, aber auch als eine Art Google-Ersatz. Beliebt sind zum Beispiel KI-Chatbots wie ChatGPT. Könnte man sie nicht auch nutzen, um sich über Politik zu informieren? Könnte ich ChatGPT nicht einfach bitten, ein Parteiprogramm zusammenzufassen? Die Antwort ist leider: Besser (noch) nicht. Das hat mit der Technik zu tun, die dahintersteckt. Sie führt dazu, dass solche Chatbots manchmal »halluzinieren«. So heißt es in der Fachsprache, wenn ein Chatbot falsche Behauptungen aufstellt.

Besonders das korrekte Zitieren fiel etwa ChatGPT in der Version 3.5 schwer. Fragte man zum Beispiel ChatGPT nach dem ersten Satz aus einem Parteiprogramm, konnte es passieren, dass das Programm einfach einen Satz erfand. Fragte man den Chatbot der Suchmaschine Bing nach politischen Inhalten einer Partei, konnte es vorkommen, dass die Maschine zehn Jahre alte Parolen ausspuckte. In anderen Fällen erfand der Chatbot politische Skandale, die es nicht gab. Oder er nannte einen falschen Spitzenkandidaten, der gar nicht zur Wahl antrat.[297]

Die sogenannten Sprachmodelle sind in dieser Hinsicht immer noch weniger intelligent und weniger genau, als viele Menschen denken. Chatbots sind also derzeit keine guten Ratgeber für politische Fragen. Bei einer politischen Entscheidung, etwa bei der Wahl, sollte man darauf nicht bauen.

Mehr Freiheit bedeutet auch im Internet mehr Verantwortung. Im Zweifel müssen wir jetzt selbst prüfen, was echt ist und was nicht. Eine gewisse Skepsis gegenüber Medien war auch schon wichtig, als es nur die klassischen Medien gab. Jetzt ist ein gesundes Misstrauen noch wichtiger geworden.

Wenn wir wählen gehen, wollen wir eine fundierte Entscheidung treffen. Sie soll auf Fakten beruhen und nicht auf Fakes. Tatsächlich macht es uns das Internet viel leichter, uns zu informieren, als das noch vor 30 Jahren der Fall war. Leider macht es uns das Internet auch leichter, desinformiert zu werden. Es gilt wie immer in der Demokratie: Kritisches Denken ist unersetzlich.

Social Media in Diktaturen

Anders als in Demokratien gibt es in Diktaturen keine traditionellen Medien, die wirklich frei berichten können. Dass sich eine Hauptnachrichtensendung kritisch zur Diktatur äußert – undenkbar. Selbst das Internet wird eingeschränkt. In Belarus wurde 2022 ein Mann zu zwei Jahren Haft verurteilt, weil er unter anderem auf Wikipedia Artikel über Polizeigewalt geändert hatte.[298] Einen ähnlichen Fall gab es auch in Russland.[299]

Trotz aller Beschränkungen ist in Diktaturen das Internet für viele das einzige Tor zur Welt. Oft sind Messenger wie Telegram eine der wenigen Möglichkeiten, um sich zu vernetzen und zu informieren. In Belarus zum Beispiel tauschen sich Hunderttausende in Telegram-Gruppen miteinander aus. Im Sommer 2020 wurden so Proteste gegen die gefälschte Präsidentschaftswahl organisiert.[300] Die Nutzung von Messenger-Diensten kostete viele ihre Freiheit. Denn die Organisation von solchen Telegram-Kanälen oder -Gruppen kann mit mehreren Jahren Haft bestraft werden.[301]

Gesichter der Demokratie: **Maria Ressa** *(Philippinen)* **1963*

An Widerständen wächst man, heißt es. Wäre das wörtlich so, müsste Maria Ressa eine Riesin sein, so viele Hürden musste sie in ihrem Leben schon nehmen. Aber Ressa ist 1,57 Meter groß, zierlich und, wenn es nach ihrer Anwältin geht, eine Superheldin mit Stift in der Hand.

Im Jahr 1963 kam sie auf den Philippinen zur Welt. Als ihre Mutter mit ihr in die USA zog, sprach sie kaum Englisch.[302] In dieser »großen weißen Welt« musste sie sich als »kleines braunes Mädchen« erst zurechtfinden, erzählte sie später.[303] Nur wenige in ihrem Umfeld sahen so aus wie Maria, das kleine Mädchen aus den Philippinen.

Wenige lernten aber auch so eifrig wie sie. Sie lernte Geige spielen und Schach, nahm Unterricht für besonders Begabte. Ihr Berufswunsch laut Abschlusszeitung ihrer Schule: »Die Welt erobern«.[304] Sie wurde Journalistin, kehrte zurück auf die Philippinen, arbeitete für den US-Sender CNN als Reporterin. Ständig hatte sie einen gepackten Koffer griffbereit zu Hause. Denn Tag und Nacht konnte ein Anruf kommen: Maria, flieg nach da und dort und berichte!

Später gründete sie Rappler mit, ein Online-Medium, das unter anderem Faktenchecks veröffentlicht. 2015 interviewte sie einen Politiker, der ihr vor laufenden Kameras gestand: Ich habe eigenhändig drei Menschen getötet.

Dieser Mann, Rodrigo Duterte, wurde im Jahr darauf zum Präsidenten der Philippinen gewählt. Je länger Duterte regierte, desto mehr redete und handelte er wie ein autoritärer Herrscher. Ressa und ihre Kolleginnen berichteten kritisch über seine gewalttätige Politik. Seine Regierung überzog deshalb Ressa mit Vorwürfen und Klagen. Trolle in sozialen Netzwerken verbreiteten Falschbehauptungen über sie.

Plattformen wie Facebook stand sie immer kritischer gegenüber. Ressa bemerkte, dass das Netzwerk zu wenig tat, um Falschinformationen einzudämmen. Schlimmer noch: Der Algorithmus förderte das Laute, Grelle, Aggressive des Hasses.

Ressa musste jeden Tag damit rechnen, hinter Gitter zu verschwinden. Auf den Philippinen werden Reporterinnen und Reporter immer wieder angegriffen, die Täter oft nicht gefasst.[305] Im Herbst 2021, mitten in einem Zoom-Meeting[306], bekam Ressa dann einen Anruf aus Oslo. Sie erhielt den Friedensnobelpreis – für ihren »Einsatz für die Bewahrung der Meinungsfreiheit, eine Voraussetzung für Demokratie und dauerhaften Frieden«.

Schon früh im Leben hatte sie sich goldene Regeln auferlegt. »Stell dich deiner Angst!« ist eine von ihnen. Ressa sagt, sie male sich zunächst das Schlimmste aus, was passieren könnte. So nimmt sie der Angst die Ungewissheit. Das hatte sie auch nötig, denn Nobelpreis hin oder her: Während Dutertes Amtszeit drohten ihr viele Jahre Haft.[307]

Doch Ressa stellte sich nicht nur der Angst, sondern auch den Behörden. Sie könnte in den USA bleiben, verbringt aber immer wieder Zeit auf den Philippinen. Nach einer Nacht in Polizeigewahrsam im Winter 2019 wurde sie entlassen,[308] nach mehreren großen Prozessen im Jahr 2023 freigesprochen. Ihre Autobiografie hatte sie da gerade veröffentlicht. Der Titel: »Wie man sich einem Diktator widersetzt«.

Ressa gönnt sich wenig Pausen bei ihrer Arbeit. Ihre Tage beginnen oft um 5.30 Uhr. Auch heute noch hat sie eine gepackte Tasche bereitstehen – für den Fall, dass sie erneut von der philippinischen Polizei abgeholt wird. Auf das Schlimmste hat sie sich eben schon vorbereitet, auch mit Humor. »Wenn ich ins Gefängnis gehe«, sagte sie in einem Interview, »kann ich endlich schlafen.«[309]

KAPITEL 7

Sechs Zutaten für eine funktionierende Demokratie

Gleichheit und Solidarität

Armut und Ungleichheit gefährden Demokratien massiv. Denn eigentlich sollte der Staat ein Problemlöser und Ermöglicher sein. Für Menschen in Armut löst er aber das größte Problem nicht: ihre Armut. Und das erzeugt nicht nur Frustration, sondern auch Politikverdrossenheit.

Wohlstand allein ist keine Garantie für eine funktionierende Demokratie, aber es macht das Funktionieren leichter. Krisen fördern die Neigung von Menschen, nach einem Problemlöser zu rufen: einer starken Autorität, die sich nicht viel um Regeln schert.

Die Weimarer Republik hatte mit enorm vielen Krisen zu kämpfen. Eine Inflation, die Weltwirtschaftskrise und eine massenhafte Arbeitslosigkeit beutelten das Land. Die Demokratie wurde deshalb nicht als erfolgreich wahrgenommen. Im Kaiserreich hingegen hatte Deutschland einen wirtschaftlichen Boom erlebt. Das ließ viele Menschen zweifeln: War die Demokratie vielleicht doch keine so gute Idee?

Auch wenn Demokratien heute etablierter sind als zu

Beginn des 20. Jahrhunderts, bleibt das Muster dasselbe. Nach der deutschen Wiedervereinigung stieg die Zahl der Arbeitslosen in den 1990ern schnell an. Arbeitslosigkeit erzeugt ein Gefühl der Machtlosigkeit. Wie sollte so Vertrauen in eine Regierungsform wachsen, die viele ehemalige DDR-Bürgerinnen und -Bürger vorher nie erlebt hatten?

Bis heute ist die Zustimmung zur Demokratie im Osten Deutschlands viel niedriger als im Westen. Laut einer Umfrage aus dem Jahr 2023 halten 67 Prozent der Menschen in den westlichen Bundesländern die Demokratie hierzulande für die beste Staatsform. Im Osten sind es 37 Prozent.[310] Auch die Wahlbeteiligung im Osten war bei jeder Bundestagswahl seit der Wiedervereinigung geringer. In Führungspositionen an Universitäten und in Behörden sitzen umgerechnet viel weniger Ostdeutsche als Westdeutsche. Das verstärkt den Eindruck, demokratisch nicht angemessen repräsentiert zu sein.[311]

Für soziale Gerechtigkeit und Chancengleichheit zu sorgen ist eine der wichtigsten Aufgaben einer Demokratie. Das Grundgesetz sieht zwar keine bestimmte Wirtschaftsordnung vor. Aber schon 1948, ein Jahr vor Gründung der Bundesrepublik, wurden die Grundlagen für die soziale Marktwirtschaft gelegt. Dahinter steht die Idee, eine kapitalistische Wirtschaftsordnung mit sozialem Ausgleich zu verbinden.[312]

In der sozialen Marktwirtschaft übernimmt der Staat zum einen die Rolle des Schiedsrichters. Er achtet darauf, dass grundlegende Regeln nicht gebrochen werden. Zum Beispiel ist Wucher strafbar: Der Staat will verhindern, dass Menschen in Not für eine Dienstleistung zu viel Geld zahlen müssen.[313] Auch geheime Preisabsprachen sind verboten[314].

Zum anderen federt der sogenannte Sozialstaat Risiken ab, die im Kapitalismus entstehen. Gesetzliche Renten- und Arbeitslosenversicherungen sollen davor schützen, arm zu werden[315]. Das ist der Kerngedanke der Solidarität: Wer in eine Notlage gerät, bekommt Hilfe. Allerdings hält die Bundesrepublik dieses Versprechen nicht immer ein. Fast ein Viertel der Menschen über 80 ist in Deutschland von Altersarmut betroffen.[316]

Vertrauen und Misstrauen

Vertrauen und Misstrauen sind zwei der wichtigsten Zutaten einer funktionierenden Demokratie. Wer dem Staat zu sehr vertraut, wird blind für staatliche Diskriminierung, Polizeigewalt und Korruption. Wer dem Staat hingegen zu sehr misstraut, wird anfällig für Extremismus.

Vertrauen kann und muss man sich immer wieder verdienen. In einer Demokratie entsteht Vertrauen, wenn der Staat seinen Bürgerinnen und Bürgern Freiheit und Sicherheit bieten kann und sich als verlässlich zeigt. Aber jeder Politik-Skandal, jede eigene schlechte Erfahrung kratzt am Vertrauen der Menschen in ein funktionierendes demokratisches System. Manchen fällt es schwer, Vertrauen in Einrichtungen zu haben, die Fehler machen.

So zerstörerisch Skandale auch wirken, können sie doch auch dazu beitragen, wieder Vertrauen zu fassen. Denn sobald wir von einem Skandal erfahren, beweist das, dass zumindest ein Teil des Systems funktioniert. Wo haben wir davon erfahren? Meistens aus den Medien, der vierten Gewalt. Vielleicht sogar aus einem Untersuchungsausschuss, dem »schärfsten Schwert der Opposition«.

Nicht jede Fehlleistung in der Politik ist ein Skandal. Wir sollten unterscheiden, ob sich jemand mit krimineller Absicht nicht an die Regeln gehalten hat. Oder ob sich politische Entscheidungen, die nach bestem Wissen getroffen wurden, im Nachhinein als Fehler herausstellten.

Aber egal ob Fehler oder größerer Skandal, in einer Demokratie kommt es auf den Umgang damit an: Wird ein Skandal oder Fehler von Verantwortlichen runtergespielt oder gar vertuscht, schadet das dem Vertrauen in die Politik. Tragen die Verantwortlichen aber offen zur Aufklärung bei und setzen zudem Maßnahmen um, damit sich ein solcher Fall nicht wiederholt, schafft das Vertrauen. Das können neue Gesetze sein oder neue Transparenzregeln. Auch ein Rücktritt kann ein souveräner Schritt sein. Letztlich gilt, wie so oft in der Demokratie: Es geht darum, Verantwortung zu übernehmen. Fehler sind in einer Demokratie eingepreist, denn Menschen sind nicht perfekt.

Vertrauen entsteht auch dadurch, dass Menschen das Gefühl haben, selbst etwas ändern zu können. Das gilt gerade in Krisen. Ein Beispiel dafür ist das Technische Hilfswerk, kurz THW. Es ist zwar eine staatliche Behörde. Aber rund 85000 freiwillige Helferinnen und Helfer engagieren sich dort ehrenamtlich. Sie rücken immer dann aus, wenn Menschen in Not sind: nach Fluten, Erdbeben, Wirbelstürmen, im Inland und im Ausland.[317] Naturkatastrophen lassen sich selten vermeiden. Aber der Staat kann gemeinsam mit seinen Bürgerinnen und Bürgern einen Beitrag leisten, um die Folgen abzumildern.

Solches gesellschaftliches und politisches Engagement belebt das Vertrauen in die Politik.[318] Je früher man Demokratie einübt, desto stärker wächst das Vertrauen. Aber auch Misstrauen ist ein wesentlicher Bestandteil einer funktionierenden Demokratie. Eine lebendige Zivilgesellschaft ist ein Ort, an dem Widerspruch und Kritik geäußert werden sollte. Auf der Straße zum Beispiel, bei Demos gegen die Politik der Regierung oder gegen Antisemitismus. Oder in einem Verein auf dem Dorf, der sich gegen die Schließung einer Schule einsetzt.

Das kann aber auch in großen Organisationen wie Greenpeace oder Amnesty International passieren, weil man der Regierung misstraut, genügend für Klima- und Umweltschutz oder für Menschenrechte zu tun. Zusammengefasst werden solche Organisationen unter dem Begriff »Nichtregierungsorganisationen«. Der Begriff ist leider ziemlich sperrig. Deshalb nutzt man auch im Deutschen den englischen Ausdruck NGO, kurz für »Non-Governmental Organization«.

NGOs sind der Rauchmelder einer Gesellschaft. Mit ihren Aktionen und Kampagnen weisen sie auf Missstände hin und schlagen Alarm, wenn sie es für geboten halten. Es gibt praktisch keine Themen, zu denen nicht eine große

NGO existiert. Foodwatch ist ein deutscher Verein, der sich für sichere Lebensmittel und Verbraucherschutz engagiert. Er prangert zum Beispiel an, wenn Hersteller von Lebensmitteln zu viel Zucker zusetzen oder sie ihre Werbeversprechen nicht einlösen. Human Rights Watch ist wie Amnesty International eine Organisation, die Menschenrechtsverletzungen anprangert. Der World Wide Fund For Nature (WWF) setzt sich auf der ganzen Welt für Artenvielfalt und den Schutz von Wildtieren ein.[319]

Es gibt sogar NGOs, die diese Organisationen wiederum kontrollieren – oder nicht radikal genug finden. Manchen Menschen gehen die Aktionen einiger NGOs wiederum auf die Nerven. Aber das ist ja genau ihr Job. Denn wie beim Rauchmelder gilt: Besser, es piept einmal zu viel, als dass die Wohnung in Vollbrand steht.

Sicherheit und Freiheit

Deutschland im April 2020: Die Coronapandemie hatte das Land fest im Griff. Der erste Lockdown war gerade ein bisschen gelockert worden, erste Geschäfte hatten wieder geöffnet. Da interviewten zwei Journalisten der Berliner Zeitung »Der Tagesspiegel« den CDU-Politiker Wolfgang Schäuble, damals Präsident des Bundestages. Das Gespräch drehte sich um den richtigen Umgang mit dem Coronavirus. In dem Interview sagte Schäuble einen Satz, der nachhallte: »Wenn ich höre, alles andere habe vor dem Schutz von Leben zurückzutreten, dann muss ich sagen: Das ist in dieser Absolutheit nicht richtig.«[320]

Schäuble bekam für diese Aussage Lob, aber auch Kritik. Ist die Unversehrtheit des menschlichen Körpers denn der höchste Wert in einer Demokratie?

Machen wir einen einfachen Test: Wäre das Leben der höchste Wert in den bestehenden Demokratien, dann gäbe es keine Armeen. Denn Soldaten und Soldatinnen, die für ihr Land kämpfen, setzen im Ernstfall ihr Leben für die Freiheit ihres Landes ein. Ihre persönliche Sicherheit, ihre Gesundheit und damit ihr Leben sind dem Staat in diesem Moment weniger wert.

Jedes Jahr sterben in Deutschland mehr als 127000 Menschen an Krankheiten, die durch das Rauchen verursacht wurden.[321] Hätte der Staat nicht die Pflicht, sie zu schützen, im Zweifelsfall vor sich selbst? Natürlich könnte man einwenden: Es war ja ihre Entscheidung.

Für Menschen, die selbst rauchen, ergibt dieser Einwand vielleicht Sinn. Aber für die, die passivrauchen, gilt das Argument nicht.[322]

Leben kann also auch aus diesem Grund nicht der höchste Wert sein, sonst wäre das Rauchen schon längst verboten. Wenn wir als Gesellschaft das Rauchen erlauben, entscheiden wir uns für die Freiheit und gegen die Gesundheit vieler Menschen.

Schauen wir erneut in die Geschichte der Bundesrepublik zurück. Die wenigsten von uns dürften ein Problem damit haben, sich im Auto anzuschnallen. 1976, als die Gurtpflicht eingeführt wurde, klang das noch ganz anders. Auf dem Titelblatt des »Spiegel« stand wenige Wochen zuvor: »Gefesselt an's Auto«.[323] Im Text hieß es: »Soll und darf der liberale Staat die Auto-Bürger zum Überleben zwingen?«[324] Aus heutiger Sicht ist das eine ziemlich seltsame Formulierung. Unsere Vorstellungen von Freiheit und Sicherheit haben sich also offenbar gewandelt.

Wie frei darf ich mich in einer Gesellschaft verhalten? Seit Jahrhunderten treibt diese Frage Religionsgelehrte und Philosophen um. Interessanterweise kommen viele sinngemäß zu dem gleichen Schluss, nachzulesen in der Thora, der Bibel, dem Koran, bei Immanuel Kant oder in vielen anderen Schriften. Die Kurzfassung all dieser Regeln: Verhalte dich so, wie du es auch von anderen erwarten würdest. Anders gesagt: Deine Freiheit endet da, wo die des anderen beginnt.[325]

Eine der wichtigsten Aufgaben des Staates ist es deshalb, unsere Freiheit zu schützen. Der Staat garantiert unsere Freiheit, indem er uns vor anderen schützt, die wiederum ihre Freiheit zu weit ausleben. Die Frage ist nur, was der Staat dafür tun darf – oder tun sollte. Ganz konkret:

- Soll die Polizei einen Aktivisten der Letzten Generation in seinem Zuhause festnehmen, bevor er sich auf der Straße festgeklebt hat? Hier steht das Persönlichkeitsrecht gegen den Schutz vor Straftaten.

- Soll ein Geheimdienst Telefondaten sammeln oder sogar Anrufe mitschneiden, um Extremisten zu beobachten, bevor sie Straftaten begehen können? Hier steht der Schutz der Privatsphäre gegen den Schutz vor Straftaten.
- Soll der Staat Menschen in bestimmten Berufen dazu zwingen, sich impfen zu lassen? Hier steht die körperliche Unversehrtheit der Person gegen die körperliche Unversehrtheit anderer Menschen.
- Soll der Staat bestimmte pro-palästinensische Demos im Vorhinein verbieten, aus der Erfahrung heraus, dass auf solchen Demos häufig antisemitische Parolen gerufen werden?
- Soll der Staat den russischen Staatssender RT DE in Deutschland abschalten, wenn er als Propaganda-Kanal der russischen Regierung dient?

Vermutlich hat jeder Mensch in Deutschland zu diesen Fragen eine etwas andere Meinung. Einerseits muss der Staat die Sicherheit seiner Bevölkerung garantieren. Andererseits muss er die Freiheit schützen. Es gibt in solchen Situationen oft keine wirklich guten Entscheidungen, nur die Wahl zwischen weniger schlechten. Das Dilemma gehört zur Demokratie leider dazu.

Sicherheit und Freiheit – das sind die beiden Pole, zwischen denen sich staatliches Handeln bewegt. Die meisten politischen Diskussionen drehen sich letztlich um diese beiden Ideen. Selbst bei der Frage nach höheren Steuern stehen sich mehr Sicherheit (für die, die der Staat mit dem eingenommenen Geld unterstützt) und weniger Freiheit (für die, die mehr Geld zahlen) gegenüber.

Wo wir diese Grenzen ziehen, ob nun bei Steuern, Polizeigesetzen, Umweltrichtlinien oder Migration: Das müssen wir in einer Demokratie immer wieder aushandeln. Weil dieses Aushandeln so wichtig ist, steht die Meinungsfreiheit sehr weit vorn im Grundgesetz, in Artikel 5. Doch wie jede Freiheit hat auch sie Grenzen.

Bis vor einigen Jahrzehnten herrschte in Deutschland die Freiheit, den Holocaust leugnen zu können, also den millionenfachen Mord der Nazis an Jüdinnen und Juden. Seit 1994 ist das ausdrücklich strafbar.[327] Bis vor einigen Jahren durfte man auch im Internet noch »Richtig so, finde ich gut!« kommentieren, wenn dort dazu aufgerufen wurde, einen Politiker zu töten. Heute sind nicht nur Holocaust-Leugnung und der Aufruf zur Gewalt strafbar. Auch die, die das online befürworten, können dafür verurteilt werden.[328]

Gibt es denn nun den einen höchsten Wert in einer Demokratie? Zumindest das Grundgesetz ist da sehr klar: die Würde des Menschen steht in Artikel 1. Auf dieser Würde ist übrigens auch das Verbot begründet, den Holocaust zu leugnen. Das Bundesverfassungsgericht entschied 1994: In der Abwägung zwischen der Meinungsfreiheit und der Würde der Ermordeten steht die Würde höher.[329]

Seit einigen Jahren kursiert der Begriff **»Cancel Culture«**[326] in der öffentlichen Debatte. Er beschreibt ein eigentlich altes Phänomen: Wenn Schriftstellerinnen, Schauspieler, Comedians etwas sagen, was einer größeren Gruppe missfällt, bekommen sie Widerspruch. Manchmal werden sie von Buchmessen ausgeladen, manchmal wird ein Vortrag oder ein Filmprojekt abgesagt, manchmal werden sie ausgebuht oder niedergeschrien oder geraten in einen Online-Shitstorm. Sie werden also »gecancelt«, vom englischen Begriff für absagen oder abbrechen. Der Ausdruck ist allerdings ein Kampfbegriff. Er wird also oft als sehr pauschale Bezeichnung für alles Mögliche verwendet, wenn es im politischen Meinungskampf gerade gut passt.

KAPITEL 8

Im Supermarkt und auf der Straße II: Wie Probleme demokratisch gelöst werden

Erinnerst du dich noch an die Schokolade im Supermarkt und das Tempo-30-Schild? Wenn nicht, blättere zu Seite 22 zurück! Im Kern ging es darum, angesichts von Missständen den Stein der Veränderung ins Rollen zu bringen. In der Demokratie geht es dann ein bisschen zu wie im Physik-Unterricht. Wenn der Stein für einen einzelnen Menschen zu groß ist, hat er zwei Optionen. Er müsste sich entweder Verbündete suchen, die ihm helfen – in der Demokratie hieße das zum Beispiel, demonstrieren zu gehen. Oder er sucht sich einen größeren Hebel – demokratisch gesprochen: Er überzeugt Abgeordnete davon, Gesetze zu ändern. Und wie war es hier, in diesen beiden Fällen?

Demokratie global …

Eine Dokumentation des britischen Senders BBC schockierte im Jahr 2000 die Welt: Sie zeigte, wie verbreitet Kinderarbeit im Kakao-Anbau ist. Auch andere Medien schickten daraufhin ihre Reporter nach Westafrika.[330] Ein

Journalist war so bestürzt von den Zuständen, dass er selbst eine Schokoladenfirma gründete. Er wollte zeigen: Es geht auch ohne Kinderarbeit![331]

Verstört von den Berichten, wollten auch Politikerinnen und Politiker in den USA aktiv werden. Sie machten sich daran, ein Gesetz gegen Kinderarbeit zu verabschieden. Aber die Schokoladenindustrie wehrte sich und lobbyierte: Sie versprach, auch ohne gesetzlichen Zwang etwas zu ändern. Die Politik ließ der Wirtschaft also die Freiheit, sich selbst zu regulieren – zulasten der Sicherheit der Kinder.

In diesem Fall ging das schief. Erst hieß es, Kinderarbeit werde bis 2005 abgeschafft. Dann wurde der Zeitpunkt immer wieder verschoben. Und trotz einiger Fortschritte: Selbst das Ziel der Schokoladenkonzerne, Kinderarbeit bis 2020 um 70 Prozent zu reduzieren, wurde verfehlt.[332]

Währenddessen gründeten sich immer mehr Vereine und NGOs, die für bessere Bedingungen im Kakao-Anbau kämpfen. Ehemalige Kinderarbeiter verklagten sogar die Konzerne vor Gericht, für die sie Kakao geerntet hatten – wenn auch ohne Erfolg.[333] In den Supermarkt-Regalen lagen bald Schokoladen mit einem Gütesiegel für Fairen Handel. Es soll Kunden im Supermarkt zeigen, welche Schokolade fair und ohne Kinderarbeit produziert wurde. Demokratisch gesprochen bekommen die Kaufenden so mehr Entscheidungsfreiheit – und damit auch Macht. Sie können informierter entscheiden, was sie kaufen wollen.

In der Elfenbeinküste zahlt der Staat den Kakaobauern nun einen garantieren Mindestpreis.[334] Er greift also in die Freiheit des Marktes ein, um mehr Sicherheit zu schaffen.

In Deutschland wurde 2023 das sogenannte Lieferkettengesetz verabschiedet.[335] Große Unternehmen müssen von nun an nachweisen, dass in der gesamten Lieferkette Menschenrechte und Umweltvorgaben eingehalten wurden. Und das gilt unabhängig davon, wo etwas produziert wurde, also vom Rohmaterial bis hin zum fertigen Produkt. Oder in diesem Fall: von der Kakaobohne bis zur Schokolade im Supermarktregal. In der Europäischen Union soll es zukünftig eine ähnliche Regelung geben. Die EU-weite Vorgabe ist noch ein bisschen strenger ist als die, die in Deutschland beschlossen wurde.[336]

… und Demokratie lokal

In der Gemeinde Schondorf in Bayern wurde es der Anwohnerin einer stark befahrenen Straße zu bunt – oder besser: zu laut. Sie und ihre Nachbarn wollten mitbestimmen, wie schnell die Autos vor ihren Häusern fahren.[337] Also hängten sie Banner auf: »Freiwillig 30«. Manche Autofahrerinnen waren erbost, nannten das »Selbstjustiz«.

Auch in einer Gemeinde am Bodensee stellten Anwohner solche Schilder auf. Nur hatten sie die Rechnung ohne die deutschen Behörden gemacht. Weil das 30-Schild einem amtlichen Schild zu ähnlich sah, drohte ihnen der Landkreis ein Bußgeld an. Die Anwohnerinnen wehrten sich vor dem Verwaltungsgericht, bisher aber vergebens. Nun könnte ein höheres Gericht entscheiden, ob sie Recht bekommen.[338]

Die Gemeinden selbst wollten auch nicht passiv bleiben.

2021 schloss sich eine Gruppe von Bürgermeistern und Landräten zur Initiative »Lebenswerte Städte« zusammen. Sie verlangten von der Politik in Berlin, das Straßenverkehrsgesetz zu ändern. Auch sie wollten also grundsätzlich selbst bestimmen, welches Tempolimit auf ihren Straßen gilt.

Was klein begann, wuchs zu einer großen Bewegung heran. Innerhalb von zwei Jahren verbündeten sich mehr als 1000 Gemeinden, vom Dorf mit ein paar Häusern bis zur Millionenstadt. In der Initiative taten sich Stadtoberhäupter unter anderem von der CSU und der FDP, von SPD und den Grünen, den Linken und den Freien Wählern zusammen.[339]

Im September 2023 schlug die Bundesregierung dann vor, das Gesetz zu ändern. Der Gesetzesentwurf wurde im Plenum des Bundestages besprochen und dann an den Verkehrsausschuss weitergeleitet. Dort empfahlen Expertinnen und Experten einige Änderungen. Auch die Oppositionsparteien sprachen sich für ein paar Anpassungen aus. Im Oktober 2023 wurde das Gesetz schließlich im Bundestag beschlossen, mit den Stimmen der Regierungskoalition, also SPD, Grünen und FDP.[340]

Im November dann die Überraschung: Der Bundesrat lehnte das Gesetz ab.[341] Die Städte und Gemeinden reagierten enttäuscht. Sie fanden die Neuerung ohnehin zu lasch, aber eben besser als nichts. Sie hätten sich mehr Freiheiten gewünscht, als das Gesetz geboten hätte. Und selbst das wurde jetzt nicht verabschiedet.[342]

Aber auch das ist eben Demokratie: Immer wieder neu anfangen zu können. Selten ist eine Entscheidung wirklich endgültig, auch hier nicht.

Wird ein Gesetz vom Bundestag beschlossen, aber vom Bundesrat abgelehnt, kann der sogenannte Vermittlungsausschuss ins Spiel kommen. Das 32-köpfige Gremium aus Bundestags- und Bundesratsmitgliedern tut genau das, was der Name vermuten lässt: Es vermittelt in Streitfragen zu neuen Gesetzen. Der Kampf der Gemeinden, ihr Lobbyieren für eine neue Verkehrspolitik geht also weiter – und der Kampf an den Hauptstraßen auch.

KAPITEL 9

Wie man Argumenten gegen die Demokratie begegnet

Behauptung: »Demokratien sind langsamer.«[343]

Bauen Länder wie die Türkei oder China neue Flughäfen, Bahnstrecken und Kraftwerke schneller als Demokratien? Und wenn sie so viel schneller handeln können: Sind dann Autokratien auch in der Klimakrise, wenn schnelle Entscheidungen gefragt sind, besser gewappnet?

Zugegeben: Gerade die deutsche Hauptstadt macht vor, wie es nicht geht. Erst nach quälend langen 14 Jahren hoben die ersten Flugzeuge am neuen Berliner Flughafen ab. Und trotzdem ist es ein populärer Irrtum, dass in weniger demokratisch regierten Ländern alles viel schneller geht. China baute bis 2023 eine Schnellzug-Strecke in Indonesien. Sie wurde erst mit vier Jahren Verspätung eingeweiht und kostete am Ende über eine Milliarde Euro mehr als geplant.[344] Die Olympischen Spiele 2014 im russischen Sotschi gerieten nicht nur zu einem finanziellen Desaster, sondern auch zu einem ökologischen und menschlichen.[345] Mehrere Dutzend Arbeiter starben beim Bau der olympischen Anlagen.[346]

Theoretisch stimmt es: Wenn Parlamente wenig zu sagen haben, wenn Minderheiten sich nicht wehren können, wenn Gerichte im Sinne der Regierung urteilen, dann ist es leichter, ein Großprojekt zu errichten oder andere politische Entscheidungen zu treffen. Der mögliche Einspruch gegen staatliches Handeln ist allerdings eine Stärke der Demokratie. Ein demokratischer Entscheidungsprozess verläuft einfach langsamer, denn es braucht Zeit, alle unterschiedlichen Argumente genau zu prüfen und im besten Fall einen guten Kompromiss zu finden.

Ein Grund für die Verzögerung beim Berliner Flughafen war außerdem die Technik für den Brandschutz.[347] Sie entsprach nicht den Vorschriften und musste ausgetauscht werden. Der Prüfverein TÜV, der im Auftrag der Regierung die Anlagen checkte, hatte die Freigabe des Flughafens verweigert. Natürlich sollte man erwarten können, dass der Brandschutz eines staatlichen Großprojekts von Anfang an den Vorschriften entspricht. Aber was, wenn dem mal nicht so ist: Würden wir in solchen Fällen ein »hartes Durchregieren« bevorzugen?

Beim Erdbeben in der Türkei Anfang 2023 kamen Zehntausende Menschen ums Leben.[348] Dabei stürzten vor allem die Gebäude ein, die nicht nach den Sicherheitsbestimmungen gebaut wurden. Grund dafür war eine Sonderregel: Um den Bau von Häusern zu beschleunigen, konnten die Bauherren Sicherheitsregeln umgehen. Nach Zahlung einer kleinen Strafe durften sie einfach weiterbauen. Auch dann, wenn das Haus nicht sicher war. Einer zeigte sich 2019 in einem Video stolz auf diese Ausnahmeregelung: der türkische Präsident Recep Tayyip Erdogan.[349] Wenige Jahre später wurden für viele Menschen ihre neu gebauten Häuser zu einer tödlichen Falle.

In der Tat können in einem autoritären System Entscheidungen im Prinzip schneller durchgeboxt werden. Nur bedeutet schneller ja nicht gleich besser. Autokratien sind nicht dafür bekannt, die besten Entscheidungen zum Wohle ihres Volkes zu treffen. Warum sollten sie ausgerechnet unter Zeitdruck damit anfangen? Und wie soll man in einer Autokratie überhaupt herausfinden, was die Mehrheit der Bevölkerung will, wenn die freie Presse zensiert wird und Meinungsfreiheit eingeschränkt ist?

Nicht alles, was Staaten irgendwann umsetzen, wurde »von denen da oben« ausgebrütet. Die Klimabewegung entstand beispielsweise als Protest gegen die herrschende Politik. In Deutschland warnte die damals noch recht junge Partei »Die Grünen« schon in ihren Wahlprogrammen der 1990er vor der »Klimakatastrophe«.[350] Dass Parteien überhaupt neu gegründet werden können, ist ein Vorteil der Demokratie. Fridays for Future entsprang dem Protest eines Mädchens in Schweden und wuchs zu einer globalen Protestbewegung heran. Wer wissen will, wie in Diktaturen mit Schülerinnenprotesten oder anderen Demonstrationen, die auf Missstände hinweisen, umgegangen wird, kann beispielsweise einen Blick in den Iran werfen. Dort bezahlten mehrere Mädchen und Frauen ihren Protest gegen die Kopftuch-Pflicht und für die Freiheit mit ihrem Leben.[351]

Übrigens kann ein demokratisches System Entscheidungen manchmal sogar beschleunigen. Die beiden Umweltverbände Deutsche Umwelthilfe und BUND klagten gegen die

Bundesregierung, weil sie fanden, dass die Regierung nicht entschlossen genug gegen die Klimakrise kämpft. Die Kläger beriefen sich auf Gesetze, die zeitliche Vorgaben zum Klimaschutz machen. Die Umweltverbände klagten also vor dem Oberverwaltungsgericht Berlin-Brandenburg – und gewannen. Laut dem Urteil muss die Bundesregierung den Ausstoß von Treibhausgasen nun schneller senken.[352]

Behauptung: »Demokratien sind zerbrechlich(er).«[353]

Eine falsche Wahl, und schon ist die Demokratie abgeschafft? So einfach geht das nicht. Vor 100 Jahren waren Demokratien definitiv zerbrechlicher. Damals gab es erstens zu wenige Menschen, die sich für die Demokratie als Regierungsform einsetzen. Zweitens waren die Demokratien weniger demokratisch, etwa weil sie Frauen vom Wahlrecht ausschlossen. Drittens hatten einige der Verfassungen weniger Sicherheitsmechanismen gegen zu viel Machtkonzentration, die für eine Demokratie gefährlich ist.

Gerade die deutsche Geschichte zeigte, welche Folgen es hat, wenn eine Demokratie sich nicht gegen ihre Feinde wehrt. Offene Gesellschaften bieten in der Tat mehr Freiheiten, auch ihren Feinden. Wer in Deutschland für radikale Positionen auf die Straße geht, muss bei einer Demo sogar von der Polizei geschützt werden. Das ist das Wesen der Demokratie.

Es macht sie aber nicht wehrlos gegenüber Extremismus. Die Toleranz gegenüber den Intoleranten darf nur nicht unbegrenzt sein. Extremisten werden sich letztlich immer über Ausgrenzung beklagen, weil die Demokratie nicht unendlich tolerant gegenüber ihren Feinden sein kann.

Wandel gehört zur Demokratie. Regierungen kommen und gehen, Gesetze werden geändert oder abgeschafft. Der stete Wechsel macht Demokratien allerdings nicht zwangsläufig weniger stabil, im Gegenteil. In einer Diktatur stürzt der Tod des Alleinherrschers das Land oft ins Chaos. Die Demokratie steht solider, weil die Macht auf mehreren Ebenen (Bund, Länder, Kommunen) und auf jeder Ebene auf mehreren Schultern (Parlament, Regierung, Gerichte) verteilt ist. Das bedeutet aber auch, dass viele mitmachen und sich kümmern müssen. Die Demokratie ist nicht unbedingt zerbrechlicher, aber sicher anspruchsvoller, was das Engagement ihrer Bürgerinnen und Bürger angeht.

Bei einer Umfrage unter jungen Menschen in Europa zwischen 16 und 26 Jahren im Jahr 2022 waren die Ergebnisse eindeutig: Je nach Land halten etwa die Hälfte bis zwei Drittel der Befragten die Demokratie für die beste Staatsform. Und dass andere Staatsformen besser sind als die Demokratie, glaubten nur ein paar Prozent.[354] Eine Zustimmung zur Demokratie gibt es sogar über Konfliktlinien hinweg. Bei Umfragen unter Palästinensern wünschte sich die Mehrheit ein Regierungssystem wie in Israel – also mit regelmäßigen Wahlen.[355]

Es stimmt, dass die Demokratie auf der Welt in den vergangenen zehn Jahre stark gelitten hat. Gleichzeitig gibt es auf der Welt mehr Demokratien als zu fast jedem Zeitpunkt in der Geschichte. Wir sind nicht auf dem Allzeithoch, aber knapp drunter. Um 1950 gab es weltweit nur etwa zwei Dutzend Demokratien, heute sind es fast 100.[356]

Übrigens: Demokratien nennen sich in ihren Verfassungen niemals »Diktatur«. Aber mehrere Diktaturen nennen oder nannten sich »demokratisch«, etwa Nordkorea oder die DDR. Es scheint also in Diktaturen den Wunsch zu geben, sich als Demokratie auszugeben. Selbst autoritäre Herrscher wissen offenbar, wie stark der Drang der Menschen nach Selbstbestimmung ist.

Behauptung: »Demokratie oder Diktatur: So anders sind die doch nicht.«

Die Justiz? Entscheidet ja doch nur, was die Mächtigen wollen. Polizisten verprügeln Demonstranten? Gibt es auch bei uns. Korrupte Abgeordnete im Parlament? Müssen wir nicht lange suchen. Warum schimpfen wir dann auf Autokratien, wenn es bei uns nicht besser aussieht?

So oder ähnlich argumentieren gerne Populistinnen und Extremisten. Sie wollen das Land, in dem sie leben, als politisch kaputter darstellen, als es ist. So können sie sich als die einzigen Retter der Demokratie, der Freiheit und des Rechts aufspielen. Dieser Trick ist alt: Man wendet die Vorwürfe gegen sich selbst einfach gegen andere, und schon jubeln die eigenen Anhänger.

Im Oktober 2023 wurde ein AfD-Politiker aus Bayern verhaftet, wegen des Verdachts der Volksverhetzung. Die AfD-Fraktion im bayerischen Landtag nannte diese Verhaftung »staatliche Repression«, also Unterdrückung. Ein solches Vorgehen, verkündete sie, kenne man »sonst nur von totalitären Diktaturen«.[357]

Mit solchen Argumenten versuchen Parteien wie die AfD, den Unterschied zwischen demokratisch und undemokratisch regierten Ländern zu verwischen. Ohne Zweifel gilt aber: Polizeigewalt gibt es auch in Deutschland. Politischen Druck auf Gerichte gab es wohl auch in Österreich.[358] Einschränkungen der Versammlungsfreiheit gab es in Europa während der Corona-Pandemie ständig. Auch einzelne Fälle von Wahlfälschung gibt es in Demokratien.[359] Die Frage ist nur, wie oft und in welchem Ausmaß das der Fall ist – und wie mit Unrecht umgegangen wird.

Das fängt erstens damit an, dass amtliche Statistiken in Diktaturen weniger zuverlässig sind. Wir vergleichen also letztlich Äpfel mit Birnen. Zweitens erfahren wir in Demokratien auch häufiger und schneller von Problemen, weil es dort freiere Medien gibt. Drittens werden Demokratien immer an höheren Standards gemessen als Diktaturen. Das liegt in der Natur der Sache. Wir haben höhere Ansprüche an ein System, in dem wir selbst mitentscheiden können.

Grundsätzlich gilt: Diktaturen und Demokratien können nicht gleichgesetzt werden. Ein ungerechtes Urteil, ein Fall von Polizeigewalt oder Korruption allein machen noch lange keine Diktatur. Der entscheidende Unterschied ist: In Diktaturen hat das Unrecht System. In Diktaturen wird Unrecht vom Staat organisiert. Gegen Willkür-Urteile können sich die Menschen nicht mit staatlichen Mitteln wehren. Der Kontakt zu ihrer Anwältin oder ihrem Anwalt wird ihnen verwehrt, wenn die nicht sogar selbst vor Gericht gestellt werden.

In Demokratien hingegen entsteht Unrecht in der Regel durch Fehlverhalten Einzelner oder Weniger. Und vor allem gibt es in einem Rechtsstaat Mittel, um Straftaten aufzuklären und gerichtlich dagegen vorzugehen. In Deutschland wurde beispielsweise Ende 2023 ein Polizist verurteilt, weil er einen Demonstranten gegen den Kopf getreten hatte. Seine eigenen Kollegen hatten ihn angezeigt.[360]

Wer doch mal den Überblick verliert, sollte über den Tellerrand schauen. Oder besser gesagt: über die Grenze. Was denken andere Länder und Organisationen über uns? Was sagen internationale Organisationen, die den Zustand von Demokratien auf der ganzen Welt messen? Es gibt unzählige Rankings zu allen möglichen Themen, von der Pressefreiheit über die Korruption, die Friedfertigkeit, den Wohlstand, die Sicherheit, die Armut bis zur demokratischen Mitbestimmung in den Ländern der Erde. All diese Ranglisten haben etwas gemeinsam: Demokratien in Europa belegen die vordersten Plätze. Was nicht heißt, dass es in diesen Demokratien nichts zu kritisieren oder zu verbessern gäbe

Seit Jahren fordern zum Beispiel Organisationen wie Reporter ohne Grenzen die Freilassung von Julian Assange, dem Gründer der Enthüllungsplattform WikiLeaks. Er sitzt derzeit in einem Gefängnis in Großbritannien und wehrt sich gegen seine Auslieferung in die USA. Das Vorgehen gegen ihn halten unter anderem Menschenrechtsorganisationen für nicht rechtsstaatlich.

Was die Demokratie von der Diktatur unterscheidet, ist, dass Menschen in einer Demokratie nicht schutzlos dem Staat ausgeliefert sind. In Diktaturen hingegen schon. Besonders absurd wird es deshalb, wenn Diktaturen sogar noch für ihre Ordnung gelobt werden. In Österreich kam ein Rechtsextremist auf den Gedanken, nach Afghanistan zu fahren – und zwar nach der Machtübernahme der Taliban. Er wollte zeigen, wie geordnet es in dem Land zugeht. Deshalb könne Österreich auch Asylbewerber nach Afghanistan abschieben, so seine Überlegung. Von einer sicheren Reise konnte jedoch keine Rede sein. Nach seiner Einreise nahmen die Taliban den Rechtsextremisten fest, wegen angeblicher Spionage. Erst nach monatelanger Haft kam er wieder frei.[361]

KAPITEL 10

Was Demokratien gefährdet – und wie man sie schützen kann

Klimakrise

Demokratie bedeutet Mitbestimmung – und der Klimawandel nimmt uns die Möglichkeit, vieles selbst zu bestimmen. Er stellt Demokratien vor eine ganze Reihe von Problemen. Denn eines haben Hitzewellen, Dürresommer und Flutkatastrophen gemeinsam: Sie führen zu massiven Krisen.[362] Und die können das Vertrauen in demokratisch gewählte Politikerinnen und Politiker sinken lassen. Klimaschutz ist deswegen immer auch Demokratieschutz.

Weniger Wasser, kleinere Ernten, weniger Orte mit erträglichem Klima erzeugen Spannungen in einer Gesellschaft. Denn geringere Ressourcen erzeugen Konflikte darum, wie sie verteilt werden: Häufige Überflutungen führen dazu, dass Menschen aus ihren Heimatorten fliehen. In den meisten Fällen bleiben sie dabei in ihrem eigenen Land. Die Weltbank rechnet damit, dass bis 2050 im schlimmsten Fall 140 Millionen Menschen allein in den besonders betroffenen Weltregionen innerhalb ihres Landes fliehen müssen.[363]

Migration – auch im eigenen Land – kann zu Spannungen führen. Schließlich müssen die Menschen an ihrem neuen Aufenthaltsort eine Wohnung und Arbeit finden. Die, die schon vorher dort wohnten, fühlen sich deshalb vielleicht bedrängt.

Manche Menschen suchen aber auch Schutz in anderen Ländern, etwa in Europa. In ihren Zielländern werden Geflüchtete oft diskriminiert. Vor allem dürfen sie dort nicht wählen. Ihnen fehlt das Wahlrecht, weil sie dort ja keine Staatsbürgerschaft haben. Dabei sind Wahlen doch der Kern der demokratischen Mitbestimmung. Ohne Sprachkenntnisse fällt es ihnen auch oft schwer, Arbeit zu finden – falls es ihnen überhaupt erlaubt ist. Der Sozialstaat muss sich dann um sie kümmern. Bei manchen Menschen erzeugt das Neid, bei den Geflüchteten selbst Frustration. Die Migration von sogenannten Klimaflüchtlingen kann also gesellschaftliche Konflikte schüren.

Waldbrände verursachen enorme Kosten durch den Wiederaufbau. Nach Angaben von Versicherungen waren es allein zwischen 2018 und 2022 weltweit rund 69 Milliarden US-Dollar.[364] Auch Hitzewellen werden zu einem globalen Problem. Sie gefährden die Gesundheit von Millionen von Menschen, bei Temperaturen über 40 oder sogar 45 Grad kommt ein Land aber auch wirtschaftlich an vielen Orten zum Erliegen.

Häufigere Dürren gefährden die Landwirtschaft auf der ganzen Welt, von Sachsen-Anhalt bis Spanien, von Äthiopien bis Argentinien. In Argentinien war es 2022/2023 sogar so trocken, dass die Soja- und Maisernte auf die Hälfte schrumpfte.[365] Dabei gehört Argentinien zu den größten Exporteuren von Mais und Soja. Weniger Ernte bedeutet höhere Preise für Lebensmittel, und höhere Preise bedeuten weniger Wohlstand. Gerade die Inflation treibt Wählerinnen und Wähler nicht selten in die Arme von Populisten. Und so ist es auch in Argentinien passiert. Aus Enttäuschung über die bisherige Regierungspolitik wählten die Menschen in Argentinien 2023 den Populisten Javier Milei zum Präsidenten. Den menschengemachten Klimawandel hält er für eine »sozialistische Lüge«.[366]

Auch in Thüringen klagten Bauern im Jahr 2022 über Ernteausfälle. Durch die Trockenheit kam es häufiger zu Bränden auf den Feldern. Oft brannten nicht nur die Pflanzen, sondern auch die Landmaschinen in der Nähe.[367] Die Landesregierung versucht, die Folgen der Klimakrise mit einigen Programmen abzufedern. Der Thüringer AfD-Chef Björn Höcke hingegen nannte diese Programme gegen den Klimawandel »Klimagedöns«[368] und »Klimaunfug«[369].

Es ist ein Teufelskreis: In Krisenzeiten machen Menschen ihr Kreuz häufiger bei populistischen oder sogar extremistischen Politikerinnen und Politikern. Und die neigen dazu, die Klimakrise herunterzuspielen oder zu leugnen. Es ist ja auch verlockend, wenn da im Wahlkampf einer sagt: Alles halb so schlimm, macht einfach weiter wie bisher! Statt das Problem also anzugehen, wird es ignoriert. Aber davon geht es ja nicht weg. Immerhin hat 2021 in Deutschland das Bundesverfassungsgericht entschieden: Das Grundgesetz verpflichtet den Staat dazu, seine Bürgerinnen und Bürger vor den Folgen des Klimawandels zu schützen.[370]

Klimapolitik kann dabei auch demokratisierend wirken. Demokratie bedeutet ja, Macht und Verantwortung auf viele Köpfe zu verteilen. Eine Photovoltaik-Anlage auf einigen Tausend Hausdächern ist damit letztlich demokratischer als ein einzelnes großes Kraftwerk, das genauso viel Strom erzeugt. So können Menschen Dinge frei entscheiden, die sie betreffen, und sind nicht von großen Konzernen abhängig.

Desinteresse

Streng genommen gibt es gar keine Nichtwählerinnen und Nichtwähler. Denn wer nicht wählt, hat vorher die Wahl getroffen, keine Stimme abzugeben. Die Entscheidung, wen wir heiraten, welches Fahrrad wir kaufen oder wo wir arbeiten, überlassen wir aber doch auch nicht anderen. Und das soll ausgerechnet bei einer Wahl anders sein? Gehen von drei Menschen nur zwei zur Wahl, dann entscheiden diese beiden für den dritten mit.

In manchen Demokratien ist die Wahlbeteiligung besorgniserregend niedrig. Bei deutschen Bundestagswahlen ist sie noch recht hoch, sie lag bisher immer über 70 Prozent. Bei Landtags- oder Bürgermeisterwahlen sieht das anders aus: Manchmal geht da nur jeder Zweite zur Wahl.

Je geringer die Wahlbeteiligung ist, desto leichter haben es extremistische Parteien. Einige ihrer Anhänger wählen sie aus Protest. Diese Wut motiviert sie manchmal stärker als die Anhänger anderer Parteien.[371] Eine Volksabstimmung wiederum bringt oft nur etwas, wenn genug Leute mitmachen. In vielen Bundesländern müssen mindestens 25 Prozent der Wahlberechtigen einem Vorschlag zustimmen.

Es gibt viele Gründe, warum Menschen nicht wählen gehen. Manche sind einfach schusselig und verpassen den Wahltermin. In einer Umfrage im Jahr 2021 nannten die meisten Nichtwählerinnen und Nichtwähler aber drei andere Motive für ihre Entscheidung. Meist spielten mehrere Gründe eine Rolle.[372]

Zwei Drittel der Befragten sagten, es habe keinen Sinn zu wählen. Die Parteien würden ja doch machen, was sie wollen. Rund die Hälfte der Leute sagte außerdem, es habe niemanden in der Politik gegeben, der oder dem sie ihre Stimme geben wollten. Viele sagten auch, es habe keine Partei gegeben, die sich für ihre Themen einsetzt.

Nichtwählen ist zwar nicht logisch, aber es lässt sich nachvollziehen. Arbeitslose können aufgrund ihrer Lage den Eindruck bekommen, für sie würde sich nach der Wahl nichts ändern. Und es stimmt ja auch: Es kann durchaus sein, dass sie nach dem Wahltag weiter keine Arbeit finden. Sie erleben also die Regierung als machtlos, in einem für sie sehr wichtigen Punkt. Warum sollten sie dann mit ihrer Stimme zur Machtverleihung beitragen?

Die logische Antwort: Weil genau das der wichtigste Hebel ist, den sie haben. Nichtwählerinnen und Nichtwähler überschätzen, was eine Regierung leisten kann – und sie unterschätzen, wie wichtig ihre Stimme ist.

Jeden Tag werden irgendwo in Deutschland politische Entscheidungen getroffen. Selbstverständlich ändert sich dabei etwas. Ein Landkreis kauft mehr iPads für Schulen. Ein Dorf plant ein neues Industriegebiet. Es gab mal eine Wehrpflicht für junge Männer in Deutschland, die gibt es jetzt nicht mehr. Es gab lange keinen Mindestlohn, jetzt gibt es einen. Es gab mal 13 Prozent Arbeitslose in Deutschland, heute beträgt der Anteil weniger als die Hälfte. Es gab mal das Mindestalter 18 Jahre bei Europawahlen, jetzt liegt es bei 16 Jahren.

Und was die angeblich fehlenden Optionen angeht: Zur Bundestagswahl 2021 traten 47 verschiedene Parteien an. An mangelnder Auswahl kann es eigentlich nicht liegen.[373]

Menschen, die nicht zur Wahl gehen, erkennen oft nicht, dass Demokratie bedeutet, Kompromisse einzugehen. Keine einzige Partei wird je zu 100 Prozent der eigenen politischen Ansicht entsprechen. Kein einziger Politiker, keine einzige Politikerin wird je zu 100 Prozent überzeugen. Wer das will, muss schon eine eigene Partei gründen. Oder sich in einer Partei engagieren und einbringen, wenn das nächste Wahlprogramm verabschiedet wird.

Wählen bedeutet nicht, dass die eigenen Interessen nach der Wahl umgesetzt werden. Es bedeutet nur, die Wahrscheinlichkeit dafür zu erhöhen. Wer 2021 die Grünen gewählt hat, damit sie Tempo 120 auf der Autobahn einführen, der wird enttäuscht sein. Das liegt aber weniger an den Grünen als an den Koalitionspartnern. Wählen mehr Menschen die CDU, führt das eher zu einer strengeren Asylpolitik. Bekommen die Linken mehr Stimmen, wird eine

Vermögenssteuer wahrscheinlicher. Erhält die FDP mehr Stimmen, gibt es weniger Regulierung in der Wirtschaft.

Nach einer Wahl setzen sich Parteien zusammen und loten aus, wo sie Schnittmengen haben. Oft sind das harte Verhandlungen. Jede Partei muss sich von einigen Forderungen verabschieden, weil der Koalitionspartner sie nicht mitträgt.

Wer wählt, darf von demokratischen Politikerinnen und Politikern erwarten, dass sie solche Kompromisse eingehen. Aber genauso müssen Wählerinnen und Wähler auch zu Zugeständnissen bereit sein. Wer nicht wählt, will selbst nicht die Kompromisse eingehen, die er oder sie von anderen erwartet. Das widerspricht dem Kerngedanken der Demokratie. Auch deshalb ist Nichtwählen nicht besonders demokratisch.

Machtmissbrauch und Machtkonzentration

Politikerinnen, die sich über Urteile hinwegsetzen.[374] Soldaten, die Umsturzpläne ausarbeiten.[375] Journalistinnen, die von Regierungen abgehört werden.[376] All das sind Fälle von Machtmissbrauch aus den vergangenen Jahren. Eigentlich weist die Demokratie den Menschen, die für sie arbeiten, einen festen Platz zu: Die Exekutive soll Gesetze ausführen, die Judikative Urteile fällen.

Missbrauch entsteht oft dann, wenn eine Person die Grenzen ihres Bereichs überschreitet. Montesquieu (der mit der Gewaltenteilung) warnte ja, dass Macht dazu einlädt, sie auszunutzen.[377] Umso wichtiger ist es, entsprechende Vorkehrungen zu treffen.

Unverhältnismäßige Gewalt im Polizeieinsatz ist eine typische Form von Machtmissbrauch. Schließlich bekommt die Polizei vom Staat das Recht, Gewalt anzuwenden – aber nur im rechtlichen Rahmen. Auch in der Bundeswehr kann es Machtmissbrauch geben, nämlich wenn extremistische Personen ihre Privilegien als »Diener des Staates« missbrauchen. Dabei sollen sie das System ja erhalten, nicht von innen heraus bekämpfen. Medien berichteten erst kürzlich von Elitesoldaten der Bundeswehr, die gestohlene Munition in ihrem Haus horteten.[378]

Nicht nur der Missbrauch von Macht ist gefährlich. Auch zu viel Macht in den Händen von Einzelnen kann aus demokratischer Sicht heikel sein. Manche Menschen halten es für problematisch, wenn Menschen superreich werden. Geld ist Macht, und als Milliardär kann man sehr viel Einfluss ausüben – so wie es Tesla-Chef Elon Musk oder der Microsoft-Gründer Bill Gates tun, jeder auf seine Weise.

In Deutschland achtet das Kartellamt darauf, dass Unternehmen nicht zu viel Macht bekommen. Ein Kartell in der Wirtschaft entsteht, wenn sich Unternehmen im Geheimen über Preise absprechen. Gerade wenn es ein Produkt nur bei wenigen Konzernen zu kaufen gibt, können die den Preis diktieren. Die Kartellämter sollen solche Fälle aufdecken. Als Strafe verhängen sie teils sehr hohe Bußgelder.[379] Bei internationalen Konzernen können das sogar Milliarden von Euro sein[380].

Außerdem müssen Kartellämter verhindern, dass bei der Fusion großer Unternehmen ein Monopol entsteht. Denn wenn es gar keinen Wettbewerb zwischen Unternehmen mehr gibt, ist der Markt erst recht nicht mehr frei. Der Kunde kann dann über sein Kaufverhalten den Preis nicht mehr wie vorher mitbestimmen. Er muss einfach zahlen, was gefordert wird.

Manchmal bekämpfen Unternehmen ihre Mitbewerber mit unlauteren Mitteln. Auch das ist ein Fall für die Kartellbehörden. In der EU passt die Europäische Kommission auf, dass Unternehmen ihre Marktmacht nicht ausnutzen. Die Europäische Kommission warf zum Beispiel Apple vor, andere Zahlungssysteme neben Apple Pay mit technischen Mitteln einzuschränken.[381] Google musste in der EU schon mehrere Milliarden Euro an Kartellstrafen zahlen.[382] Kartellbehörden sollen also – ganz im demokratischen Sinne – verhindern, dass zu viel wirtschaftliche Macht in den Händen weniger liegt.

Kartelle gibt es aber nicht nur unter Unternehmen. Berüchtigt ist etwa die OPEC, die Organisation erdölexportierender Staaten. Bei der Weltklimakonferenz in Dubai 2023 versuchte sie, Druck auf ihre Mitgliedsstaaten auszuüben, die sich gegen den Ausstieg aus fossiler Energie stemmen sollten, denn Öl ist eben ihr Geschäftsmodell.[383]

Das Problem bei Machtmissbrauch und Machtkonzentration: Sie geschehen oft nicht in der Öffentlichkeit. Umso wichtiger sind Investigativjournalistinnen, die Fälle von Korruption aufdecken, manchmal auch gegen Widerstände von Behörden. Die Journalisten wiederum sind oft auf Whistleblower angewiesen, also Insider, die meist anonym entscheidende Hinweise geben. Um sie besser vor Nachteilen wie etwa Entlassungen zu schützen, wurde im Juli 2023 ein »Hinweisgeberschutzgesetz« eingeführt – nach Vorgaben der EU.[384] Einmal offengelegt, ist Machtmissbrauch dann ein Fall für das Gericht.

Populismus

Populismus ist Politik mit dem Megafon und der Brechstange. Mit populistischen Parolen gehen sehr unterschiedliche Politikerinnen und Politiker und Parteien auf Stimmenfang: die »Fünf-Sterne-Bewegung« in Italien, der deutsche Freie-Wähler-Chef Hubert Aiwanger, die ehemalige Linken-Politikerin Sahra Wagenknecht, die AfD. Populismus ist eine Technik, die viele Menschen in der Politik nutzen, manche aber besonders oft.

Vereinfacht gesagt, teilen Populisten in ihren Reden und Texten die Welt in ein »Wir« und ein »Die da oben«, manchmal auch in ein »Wir« gegen »Die anderen«. Populisten zufolge gibt es eine tendenziell böswillige Elite und im Gegensatz dazu ein ehrliches Volk. Und diesem Volk verschaffen sie jetzt endlich Gehör. Von daher kommt auch der

Begriff Populismus: Das lateinische Wort »populus« heißt übersetzt Volk.

Wie funktioniert Populismus im Alltag? Schauen wir uns mal die Rede eines AfD-Abgeordneten aus dem Bundestag an. Die Debatte drehte sich um die Rechte von Kindern. Es ging darum, ob Kinderrechte ausdrücklich im Grundgesetz genannt werden sollen. Das empfehlen die Vereinten Nationen, und das empfehlen viele Experten.[385]

Zur Debatte sprach auch Jürgen Braun von der AfD.[386] Seine Rede begann harmlos, mit Sätzen, wie man sie in jeder Debatte hört. »Kinder brauchen Eltern, Kinder brauchen den geschützten Raum der Familie«, sagte Braun. »Das ist unverzichtbar. Dieser Schutz ist garantiert in Artikel 6 unseres Grundgesetzes.« So weit, so normal. Aber dann drehte Braun auf: »Doch die Familie gerät zunehmend in Gefahr. Die Grünen wollen Familien spalten, wollen Kinder und Eltern gegeneinander aufbringen. Das aber ist das typische Kennzeichen von totalitären Diktaturen auch und gerade in Deutschland. Zwei deutsche Diktaturen haben Kinder gegen Eltern aufgebracht. Zwei deutsche Diktaturen haben Kinder politisch missbraucht. Die totalitäre grüne Weltuntergangssekte treibt dieses schreckliche Spiel weiter.«

Eben war man noch bei Kinderrechten und dem Grundgesetz. Jetzt geht es um Diktaturen (die DDR und das Nazi-Regime), politischen Missbrauch und den Weltuntergang. Von 0 auf 180 in wenigen Sekunden, ohne dass es in der Sache weiterbringt: Das ist Populismus.

Populisten präsentieren sich gerne als die Einzigen: die

einzige Alternative (wie die AfD in Deutschland), die einzige Rettung aus der Krise (wie der frühere US-Präsident Donald Trump). Populisten wollen viele Krisen immer noch größer machen, als sie sind. So können sie sich als einzig wahre Retter aufspielen. Populisten leben in Demokratien, reden aber oft, als lebten sie in einer Diktatur. Sie nennen Medien »Feinde des Volkes« oder »Systempresse«. Andere Parteien bezeichnen sie gerne als »Parteienkartell« oder »Altparteien«. Sie wollen im Land »aufräumen«, politische Gegner »jagen« oder »im Ausland entsorgen«.

Wer andere ständig abwertet, sät Misstrauen. Populisten erschüttern so eine der wichtigsten Ressourcen in einer Demokratie: Vertrauen. Vertrauen in den Rechtsstaat, in die Parteien, in freie Medien. Sie appellieren dabei mehr an das Gefühl als an den Verstand. Ist das Vertrauen erst einmal erschüttert, sehen sich manche Menschen tatsächlich von Feinden umgeben – und suchen nach einfachen Lösungen. Und die bieten Populisten.

Laut Populisten haben manche Probleme angeblich sehr einfache Lösungen. Deshalb müssen sich Wählerinnen und Wähler gar nicht umstellen. Der menschengemachte Klimawandel laut Populisten: überschätzt, wenn nicht gar eine Lüge. Der Verbrennermotor: viel besser als sein Ruf. Migranten: an vielem schuld, was schiefläuft. Die EU: abschaffen. Das soll dann die Probleme lösen.

In Krisenzeiten machen Populisten ein verlockendes Angebot: Ihr könnt so bleiben, wie ihr seid. Ihr könnt wieder zurück zur scheinbar guten, alten Zeit. So müssen sie sich all den gegenwärtigen Problemen gar nicht stellen und entlassen sich selbst somit aus der Verantwortung – und die Wählerinnen und Wähler gleich mit.

Populisten arbeiten dabei auch mit rhetorischen Tricks. Sie sprechen zum Beispiel gerne von einer »schweigenden Mehrheit«, die angeblich etwas ganz anderes will als das, was die Politik gerade macht. Aber das ist leicht durchschaubar: Niemand kann wissen, was eine schweigende Mehrheit will. Sie schweigt ja. Sobald sie sich bei einer Wahl oder einer Umfrage äußert, ist es keine schweigende Mehrheit mehr. Und die Mehrheit bei Wahlen hat bisher nicht für populistische Parteien gestimmt.

Über die Jahre können Populisten sich entradikalisieren, so wie die Grünen seit ihrer Gründung 1980. Auch sie fingen mit populistischen Parolen an, sagten dem »System« den Kampf an, nannten sich »Antipartei-Partei«.[387] Was natürlich ein Widerspruch in sich ist – typisch populistisch!

Populisten können sich aber auch immer weiter hin zum Extremismus entwickeln. Diesen Weg hat die AfD in den vergangenen Jahren genommen. So richtig gefährlich wird es dann, wenn Populisten das Vertrauen in grundlegende Spielregeln der Demokratie infrage stellen. Zum Beispiel den friedlichen Übergang der Macht.

In den USA ist das passiert. Trump und seine Gefolgsleute akzeptierten das Ergebnis der Präsidentenwahl 2020 nicht. Immer wieder behaupteten sie, gewonnen zu haben. Keine Theorie war ihnen zu absurd, um das zu belegen. Am 6. Januar 2021, dem Tag der offiziellen Stimmenauszählung im US-Kongress, stürmten Hunderte Trump-Anhänger das

Kapitol. »Hängt Mike Pence«, riefen einige von ihnen – und meinten damit den Vizepräsidenten.[388] Schon vor seiner Wahl zum Präsidenten im Jahr 2016 hatte Trump die Frage offengelassen, ob er eine Niederlage anerkennen würde. Selbst auf Nachfrage: kein Ja.[389]

Mal ehrlich: Würden wir bei einem Brettspiel-Abend Leute mitspielen lassen, die sagen: Wenn ich verliere, erkenne ich das nicht an? Auch eine Demokratie folgt Spielregeln. Eine der einfachsten Regeln lautet: Wer verliert, hat eben verloren.

Die USA sind eine der ältesten durchgehend existierenden Demokratien der Welt. Seit rund 250 Jahren regieren dort gewählte Präsidenten. Doch selbst eine so gefestigte Demokratie kann ins Wanken geraten, wenn Populisten an die Macht kommen. Bis heute hat sich das Land nicht von Trumps Angriff auf die Demokratie erholt. Trump wurde angeklagt, aber seine Fans halten natürlich auch das wieder für ein abgekartetes Spiel. Das zeigt, wie gefährlich Populismus einer Demokratie werden kann. Im November 2023 verglich Trump seine politischen Gegner mit »Ungeziefer«, das es zu bekämpfen gelte. Im Englischen nutzte er das Verb »root out«, es kann »mit der Wurzeln ausreißen« bedeuten oder auch »ausrotten«. So reden Diktatoren, nicht Demokraten.[390]

Extremismus und Terrorismus

Extremisten sind Feinde der Demokratie. Ihr Ziel ist eine andere Gesellschaft, in der Menschenrechte nicht für alle gelten, in der es keinen Rechtsstaat gibt und keine Gewaltenteilung im Sinne des Grundgesetzes. Sie wollen die freiheitliche demokratische Grundordnung abschaffen.

Es gibt viele Arten, wie Extremismus eine Demokratie gefährden kann. Extremistische Personen können demokratisch gewählt werden und die Demokratie von innen heraus zerstören, wie die Nationalsozialisten es ab 1933 in Deutschland taten. Terroristen können eine Gesellschaft so verängstigen und gleichzeitig aufstacheln, dass die Menschen eine radikale Partei an die Macht wählen – und die schränkt dann die Bürgerrechte ein.

Gegen Extremisten ist die Demokratie aber nicht machtlos. Aus den Erfahrungen der Nazi-Diktatur hat Deutschland gelernt, dass eine Demokratie wehrhaft sein muss. Der deutsche Verfassungsschutz kann als Inlandsgeheimdienst Extremisten überwachen. Er darf extreme Gruppen unter gewissen Umständen abhören und zum Beispiel ihre WhatsApp-Chats mitlesen. Das Innenministerium kann Vereine oder Gruppen verbieten, so wie die islamistische Hamas im November 2023.[391]

Auch Parteien können verboten werden. Allerdings ist das in der Geschichte der Bundesrepublik nur zwei Mal passiert, und das ist auch schon sehr lange her. 1952 wurde gegen die rechtsextreme Sozialistische Reichspartei ein Verbot ausgesprochen, 1956 gegen die kommunistische KPD. Ein Verbot der rechtsextremen NPD scheiterte hingegen zwei Mal vor dem Bundesverfassungsgericht.

Manchmal leben Extremisten ihren Hass allerdings auch mit Gewalt aus. Verüben Extremisten Anschläge, nennt man das Terrorismus. Terroristen bedrohen vor allem die Sicherheit von Menschen oder ganzen Menschengruppen. So wie die linksextreme Rote Armee Fraktion (RAF) in den 1970ern, die vor allem Führungskräfte der Wirtschaft und der Politik ermordete. Oder wie der Nationalsozialistische Untergrund (NSU) in den 2000ern, der Menschen mit Migrationshintergrund umbrachte.

Doch so brutal ihre Methoden auch sind: Terroristen schaffen es nicht allein, eine Demokratie abzuschaffen. Mit ihren Angriffen wollen sie die Gesellschaft deshalb zunächst spalten und auf lange Sicht eine Art Bürgerkrieg oder Umsturz anzetteln. Islamistische Extremisten träumen zum Beispiel davon, dass sich irgendwann alle Muslime in einem Land gegen alle Nicht-Muslime erheben. Die sogenannten Reichsbürger glauben, sie lebten immer noch im Deutschen (Kaiser-)Reich. Einige von ihnen wollen die Demokratie in Deutschland mit Gewalt umstürzen.

Terroristen sind nicht stark genug, um eine Demokratie auf diese Weise abzuschaffen. Trotzdem sind sie gefährlich, weil die Demokratie sich selbst schaden kann: Terroristen bedrohen unsere Sicherheit, aber unsere Freiheit gefährden wir oft selbst.

Deshalb ist es wichtig, dass Demokratien im Kampf gegen jede Art von Extremismus nicht ihre Prinzipien aufgeben. Zum Beispiel das Prinzip der Rechtsstaatlichkeit. Nach den Terroranschlägen vom 11. September 2001 bauten die USA ein Gefangenenlager am östlichsten Zipfel von Kuba auf. Bekannt wurde es unter dem Namen der Bucht, an der es liegt: Guantanamo Bay. Die Gefangenen wurden dort sehr lange ohne Anklage festgehalten, und sie wurden gefoltert.[392] Beides verstößt gegen Prinzipien des amerikanischen Rechtsstaats und der allgemeinen Menschenrechte. Manche der Gefangenen wurden nie verurteilt, bis sie nach jahrelanger Haft freigelassen wurden.[393]

In Krisen zeigt sich, wie stabil eine Demokratie ist. Gerade weil Extremismus nur funktioniert, wenn sich Nicht-Extremisten mitreißen lassen, ist die Demokratie umso stärker, je mehr sie Demokratie bleibt. Extremisten und erst recht Terroristen mögen skrupellos handeln, aber Demokratien sind ihren Gesetzen verpflichtet. Die Antwort auf Extremismus kann nicht Extremismus sein, sondern nur das Hochhalten der eigenen Prinzipien. Wehrhaft ist eine Demokratie nämlich nicht nur durch die Polizei, Geheimdienste und Parteienverbote. Sondern auch durch die demokratische Gesinnung der Mehrheit ihrer Bürgerinnen und Bürger.

Als im Juli 2011 ein Rechtsterrorist in Norwegen 77 Menschen ermordete, die meisten von ihnen Jugendliche, stand das Land unter Schock. Der Täter hasste die freie Gesellschaft, die er attackierte. Nach der Tat hielt Norwegens damaliger Ministerpräsident Jens Stoltenberg eine Trauerrede in der Kathedrale von Oslo. Die Antwort der Demokratie, sagte Stoltenberg, könne nur sein: »Mehr Demokratie, mehr Menschlichkeit«.[394]

Gut vierzig Jahre zuvor hatte es der damalige US-Präsident Lyndon B. Johnson ähnlich formuliert. Kurz zuvor war der Bürgerrechtler Martin Luther King erschossen worden. Präsident Johnson versuchte, das Land wieder zu einen. »America shall not by ruled by the bullet, but only by the ballot«[395], redete er seinen Landsleuten ins Gewissen. Frei übersetzt: Eine Demokratie wie die USA darf niemals durch Waffen regiert werden, sondern nur durch Wahlen.

Gesichter der Demokratie: ***Derek Black*** *(USA)* **1989*

Derek Black galt als der Auserwählte. Als Sohn eines bekannten Rechtsextremisten in den USA sollte er in dessen Fußstapfen treten. Schon als Kind nahm ihn sein Vater mit zu rechtsextremen Veranstaltungen.[396] Im Jahr 2000, als er 11 Jahre alt war, erstellte er auf der Neonazi-Website seines Vaters eine eigene Seite für Kinder.[397] Mit Anfang 20 hatte er eine eigene Radiosendung, lud Rassisten zum Gespräch ein. Black glaubte an eine jüdische Weltverschwörung und daran, dass Weiße mehr wert sind als andere.

Nach der Schule begann Black ein Studium in Florida. Niemand erkannte ihn dort – bis einer der Mitstudenten seinen Namen googelte und er geoutet wurde. In der Bibliothek zeigten ihm Leute den Stinkefinger, auf dem Campus wurde er gemieden. Mit Derek, dem Rechtsextremen, wollte niemand etwas zu tun haben.

Ein Mitstudent aber lud ihn zum Abendessen ein: Matthew Stevenson, der mit ihm Geschichte studierte. Stevenson war orthodoxer Jude, und es war nicht so, dass man das hätte übersehen können: Er trug permanent eine Kippa auf dem Kopf.

Stevenson lud ihn nicht nur zu irgendeinem Abendessen ein, sondern zu einem Schabbat-Mahl, dem traditionellen jüdischen Essen am Freitagabend. Es klang fast wie ein schlechter Witz: Da saßen ein Rechtsextremist, der an eine jüdische Weltverschwörung glaubte, und ein orthodoxer Jude am Tisch. Sie redeten über alles Mögliche, nur nicht über Politik.[398]

Stevenson glaubte, dass Black so war, weil er in eine rassistische Familie hineingeboren wurde.[399] Wer dazu erzogen worden ist, so zu denken, kommt dort vielleicht auch wieder raus.

In der folgenden Woche lud ihn Stevenson wieder ein. Und auch in der Woche danach. Es wurde ein Ritual. Auch Matthews Mitbewohnerin Allison stieß irgendwann hinzu. Sie studierte Psychologie, wollte wissen, was in Blacks Kopf vorging. Wie wird ein Mensch zum Hassen erzogen? Die beiden setzten sich auf das Dach des Hauses, sprachen stundenlang. Die Mitbewohnerin fragte, Black redete. Zu den nächsten Gesprächen brachte sie wissenschaftliche Studien mit, die Blacks Weltbild infrage stellten. Die Biologie ist sich zum Beispiel heute einig, dass es keine menschlichen »Rassen« gibt.

Es dauerte Monate, aber Stück für Stück rückte Black von seinem rassistischen Glauben ab. Wie könnte er Menschen für minderwertig halten, mit denen er befreundet war?[400] In einer E-Mail an eine Organisation gegen Rassismus sagte er sich öffentlich von seiner rechtsextremen Vergangenheit los. Sein Vater brach daraufhin den Kontakt zu ihm ab.[401]

Black trat für eine Politik ein, die die Werte der Demokratie mit Füßen tritt, leider oft wortwörtlich. Aber genau die Menschen, die er verachtete und die diese Werte vorlebten, konnten ihn nun wieder für die Demokratie gewinnen.

Nach seinem Ausstieg aus der Neonazi-Szene engagiert sich Black heute gegen Menschenhass. Er hält Vorträge und schreibt Texte über seine Flucht aus der rassistischen Gedankenwelt. Stevensons Mitbewohnerin Allison, seine Gesprächspartnerin auf dem Dach, wurde seine Frau.

KAPITEL 11

Wie Demokratien untergehen

Auf dem Koppenplatz im Herzen Berlins, zwischen Parkbänken und Zierapfelbäumen, steht ein Tisch aus Bronze. Dahinter steht ein Stuhl, und vor dem Tisch liegt ein weiterer – als sei er umgefallen, weil jemand in Eile aufstand. Manche Besucher des Parks setzen sich auf den Stuhl, machen schnell ein Foto für Instagram. Andere gehen achtlos daran vorbei. Es ist ein leises Mahnmal, das hier errichtet wurde, man kann es leicht übersehen. Es heißt: »Der verlassene Raum«.[402]

Aus dem Viertel um den Koppenplatz wurden in der Nazi-Zeit Menschen jüdischen Glaubens deportiert.[403] Ihnen ist dieses Mahnmal gewidmet. Nationalsozialisten drangen bei Razzien in Wohnungen ein und nahmen die Bewohnerinnen und Bewohner mit, die vielleicht gerade noch beim Abendbrot saßen. Es gab keine Regierung und keine Justiz, die sie schützte. Sie konnten niemanden zu Hilfe rufen, denn es waren der Staat und seine Polizei (die Geheime Staatspolizei), die die Menschen aus ihrem Leben rissen.

Das Denkmal am Koppenplatz in Berlin erinnert daran, wie Menschen in der Diktatur entrechtet wurden. Wie sie ihre Berufe nicht mehr ausüben, wie sie keine Nicht-Juden mehr heiraten durften, nicht mehr wählen und sich nicht mehr überall frei bewegen durften. Als der Staat ihnen diese Rechte genommen hatte, hatte er auch keine Skrupel mehr, sie zu ermorden. Wenn Demokratie bedeutet, dass immer mehr Menschen immer mehr Rechte bekommen, dann war diese Zeit der absolute Untergang der Demokratie. »Der verlassene Raum« zeigt zwei Stühle und einen Tisch, aber keine Menschen mehr. Es ist eine menschliche und demokratische Leere.

Filmtipp: Das letzte Mahl (2018)

Die deutsche Demokratie endete nicht mit einem Schlag am 30. Januar 1933, als Adolf Hitler zum Reichskanzler ernannt wurde. Den Untergang einer Demokratie darf man sich nicht vorstellen wie einen Schalter, mit dem man von jetzt auf gleich das Licht ausknipst. Schon 1930 war die letzte gewählte Regierung der Weimarer Republik auseinandergebrochen. Die Koalition zerstritt sich damals über eine Erhöhung der Arbeitslosenversicherung. Die SPD wollte den Beitrag um ein halbes Prozent erhöhen, die liberale DVP wollte das nicht. Frustriert reichte der damalige Kanzler seinen Rücktritt ein.[404]

Es war also auch der fehlende Wille zum Kompromiss, der die anschließende Zeit der Notverordnungen und ständigen Neuwahlen einläutete. Die Reichskanzler von 1930 bis 1933 wurden vom Reichspräsidenten ernannt und regierten ohne Zustimmung des Parlaments. Ab 1932 erzielten demokratische Parteien bei den Wahlen keine Mehrheit mehr.[405] Es wurden im Parlament auch fast keine Gesetze mehr erlassen.[406] Schon vor 1933 hatte es also viel von seiner Macht als Gesetzesfabrik und Ort des demokratischen Widerspruchs verloren.

Die NSDAP hat in Deutschland bei keiner einzigen freien Wahl die Mehrheit gewonnen. Sie war auf einen Koalitionspartner angewiesen, um an die Macht zu kommen. Sie war auf den Reichspräsidenten Paul von Hindenburg angewiesen, denn er ernannte Hitler zum Kanzler. Und die NSDAP war darauf angewiesen, dass die demokratischen Parteien zerstritten waren. Zu jedem Zeitpunkt hätte es Menschen gegeben, die sich hätten widersetzen können. Je länger sie warteten, desto höher wurde der Preis.

Was dann ab 1933 passierte, lernen wir alle in der Schule. Nach und nach wurden die demokratischen Einrichtungen des Staates demontiert. Parteien wurden verboten, Gewerkschaften zerschlagen, Oppositionelle verhaftet oder ermordet.

Dass eine Demokratie in eine totalitäre Diktatur kippt, kommt zum Glück nur selten vor. Was hingegen deutlich häufiger passiert: dass Demokratien unfreier werden, sich manchmal sogar zu einer Autokratie hin entwickeln.[407] Unter US-Präsident Donald Trump litt die amerikanische Demokratie stark. Ungarn wurde unter Premierminister Viktor Orbán deutlich undemokratischer: Er selbst spricht von einem »illiberalen« Staat[408], also einem Staat, der die Freiheitsrechte einschränkt.[409] Auch in Indien wurde in den vergangenen Jahren die Demokratie ausgehöhlt.[410]

Wenn Regierungen die Demokratie angreifen oder eine schon vorhandene Autokratie festigen, folgen sie meist einem alten Rezept:

- Sie schränken die Grundrechte massiv ein, vor allem die Meinungsfreiheit. In Russland kam 2023 ein Mann für 10 Tage in Haft, nachdem er »Nein zum Krieg« mit dem Finger in den Schnee geschrieben hatte.[411]
- Sie normalisieren physische Gewalt als Mittel der politischen Auseinandersetzung – so wie Donald Trump bei einer Wahlkampfrede 2016, als er der versammelten Menge zurief: »Wenn ihr jemanden seht, der eine Tomate werfen will, prügelt ihn windelweich.«[412]
- Sie lassen Menschen in Schauprozessen verurteilen. Die politischen Gefangenen erhalten oft sehr lange Haftstrafen. Der spätere südafrikanische Präsident Nelson Mandela saß 27 Jahre als politischer Gefangener in Haft.[413]
- Sie erklären einen Ausnahmezustand, der besondere Maßnahmen erfordert. Dabei berufen sie sich oft auf die Verfassung, wenn die einen solchen Fall vorsieht. Oder sie erlassen einfach entsprechende Gesetze. In Hongkong nutzte China die Beschränkungen der Corona-Pandemie, um gegen Oppositionelle vorzugehen. Ein Demonstrant musste im Oktober 2023 umgerechnet mehr als 1000 Euro Strafe zahlen, weil er bei einer Demo für wenige Sekunden die Maske runtergezogen hatte.[414]
- Sie verlängern ihre Regierungszeit, indem sie die Obergrenze für Amtsperioden abschaffen. Wladimir Putin

in Russland und Xi Jinping in China sind schon jetzt länger an der Macht, als es die Gesetze bei ihrem Amtsantritt zuließen.[415] Die Amtszeit des palästinensischen Präsidenten Mahmud Abbas wiederum hätte eigentlich 2009 geendet – aber weil es seither keine Wahlen gab, regiert er einfach weiter.[416]

- Sie greifen die Unabhängigkeit der Justiz an, etwa indem sie Richter entlassen oder zwangsweise ersetzen. Die polnische Partei PiS hat in ihrer Regierungszeit unter anderem das Rentenalter für Richter abgesenkt, von 67 für beide Geschlechter auf 65 für Männer und 60 für Frauen.[417] Die älteren Richterinnen und Richter wurden entlassen, sofern sie sich nicht dagegen wehrten – und konnten dann mit neuen ersetzt werden. In Ungarn wurde das Verfassungsgericht einfach erweitert, von elf[418] auf fünfzehn Mitglieder. Die neu hinzugekommenen wurden natürlich danach ausgewählt, dass sie im Sinne der regierenden Fidesz-Partei urteilen.
- Sie erlassen undemokratische Gesetze, die kommende Wahlen verzerren. So wollen sie sich auch in Zukunft eine Mehrheit garantieren. In Hongkong dürfen nur noch Menschen bei der Wahl kandidieren, die von einem pro-chinesischen Komitee nicht als »unpatriotisch« eingestuft werden. Auf diese Weise können unliebsame Kandidatinnen und Kandidaten ausgeschlossen werden.[419]
- Sie erkennen ihre Abwahl nicht an – so wie die früheren Präsidenten Donald Trump in den USA[420] oder Jair Bolsonaro in Brasilien.[421]

- Sie sperren ihre Gegenkandidaten vor Wahlen ein. In Belarus landeten 2020 gleich mehrere Kandidaten und deren Mitarbeiterinnen bei der Präsidentschaftswahl im Gefängnis. Am Ende trat der Machthaber Alexander Lukaschenko gegen ein viel kleineres Feld von Mitbewerberinnen und Mitbewerbern an.
- Sie drohen Unternehmenschefs mit staatlicher Verfolgung, sollten sie sich nicht aus der Politik raushalten. Der Unternehmer Michail Chodorkowski brachte es in Russland zum Milliardär – bis er sich gegen Russlands Präsident Putin wandte. Ein Gericht verurteilte ihn dann zu mehreren Jahren Haft, unter anderem wegen Steuerhinterziehung.[422]
- Sie attackieren oder entlassen prominente Kunstschaffende, die ihnen widersprechen, egal ob Schauspielerin oder Musiker. In Russland ging plötzlich der Leiter des berühmten Bolschoi-Theaters – offiziell aus freien Stücken: Er hatte sich gegen den Krieg in der Ukraine ausgesprochen.[423]
- Sie drohen Medien auf ganz verschiedene Weisen. Donald Trump zum Beispiel beschimpfte Medien regelmäßig als »Fake News« und stellte sie bei Wahlkampf-Veranstaltungen vor der aufgebrachten Menge bloß. Auf Twitter (heute X) deutete er mehrfach an, Fernsehsender die Zulassung zu entziehen, wenn sie nicht in seinem Sinne berichten.[424]

Nicht alles, was undemokratisch ist, macht eine Demokratie gleich zu einer Diktatur. Aber gerade weil Menschen nicht nur in Diktaturen, sondern in einigen Fällen auch in Demokratien entrechtet werden, sollten wir das als Alarmzeichen sehen. Wenn Menschen ihre Rechte verlieren, ist das immer auch eine Bedrohung der Demokratie. Der Schutz von Minderheiten ist immer auch ein Gradmesser für den Gesamtzustand der Demokratie – und geht uns deshalb alle an. In der Geschichte der Demokratien bekamen tendenziell immer mehr Menschen immer mehr Rechte. Sobald jemand dieses Rad zurückdreht, sollten wir misstrauisch werden.

Keine Demokratie geht unter, weil eine einzige Person sie untergräbt. Kein Diktator kommt allein an die Macht. Bei jedem Schritt von einer liberalen Demokratie hin zu einer Autokratie gibt es Menschen, die widersprechen oder sich widersetzen können. Das gilt vor allem für Menschen in Machtpositionen.

Natürlich kann das bei der nächsten Wahl Stimmen kosten. Es sollten aber alle wissen, dass die größte Gefahr nicht die Wahlniederlage, sondern das Ende der Demokratie ist. In Zeiten der Krise müssen Demokraten über ihren Schatten springen. Im Deutschland der frühen 1930er-Jahre ist das nicht gelungen. Der bekannte Satz »Wer in der Demokratie schläft, wacht in der Diktatur auf«[425] wurde für die Menschen in der Weimarer Republik leider wahr.

In Washington in den USA steht ein Museum, das an den Holocaust erinnert. Auf mehreren Etagen wird dort die Geschichte des Völkermords beschrieben, mit Videos, Fotos, Plakaten. Am Ende der Ausstellung steht ein Zitat an der Wand, das Zitat eines Deutschen. Es sind die berühmt gewordenen Worte von Martin Niemöller, einem evangelischen Pfarrer. Als die Nazis noch nicht an der Macht waren, unterstützte Pfarrer Niemöller die Politik der NSDAP. Nach der »Machtergreifung« 1933 stellte er sich dann immer mehr dem Regime entgegen. 1938 wurde er selbst in ein Konzentrationslager gebracht.[426] Niemöllers Worte lauteten:

»Als die Nazis die Kommunisten holten, habe ich geschwiegen; ich war ja kein Kommunist.

Als sie die Gewerkschaftler holten, habe ich geschwiegen, ich war ja kein Gewerkschaftler.

Als sie die Juden holten, habe ich geschwiegen, ich war ja kein Jude.

Als sie mich holten, gab es keinen mehr, der protestieren konnte.«[427]

Gegen Unrecht sollten also nicht nur diejenigen laut sein, die davon direkt betroffen sind. Dass aus Recht kein Unrecht wird, ist vielmehr die Verantwortung von uns allen.

KAPITEL 12

Wie du dich in der Demokratie engagieren kannst

Sich für die Demokratie einsetzen – das klingt so groß, nach Wahlkampf machen oder gleich Parteivorsitzende werden. Das alles gehört natürlich auch dazu. Aber Demokratie beginnt schon im Kleinen. Klassensprecherin werden, für den Klimaschutz demonstrieren, politisch informiert bleiben, sich in Vereinen wie der Landjugend engagieren, in der Kirche oder für Geflüchtete – all das ist gelebte Demokratie.

Und: Demokratisches Handeln fängt bei der Sprache an. Für Veränderungen braucht man Mehrheiten, und die muss man erst überzeugen. Eine Sprache, die verbindet, ist dafür effektiver als eine Sprache, die trennt. Am besten schaut man sich an, wie Populisten und Extremisten reden – und macht genau das Gegenteil. Hass und polarisierende Kampfbegriffe wie »Systemparteien«, »links-grün versifft« oder »Feinde des Volkes« verschärfen Gegensätze nur. Verallgemeinerungen und Falschbehauptungen machen nicht klüger, höchstens wütender. Eine wertschätzende Kommunikation hingegen lädt auch andere ein, mitzumachen, sich zu informieren und zu engagieren; sie wirkt nicht kämpferisch, sondern entwaffnend. Schließlich ist Demokratie nach John Dewey ja eine »Form des Zusammenlebens, der gemeinsamen und miteinander geteilten Erfahrung«.

Und so kannst du dich dann engagieren:

Auf eine Demo gehen

Was mache ich da?

- Du protestierst für oder gegen etwas: Studiengebühren, Waffenlieferungen, das 49-Euro-Ticket – es gibt viele gute Gründe, warum du auf die Straße gehen kannst.
- Du übst damit das Grundrecht auf Meinungsfreiheit aus. Jede Demo, die friedlich verläuft und demokratische Inhalte vertritt, stärkt die Demokratie.
- Du kannst als Ordnerin mitlaufen und darauf achten, dass sich alle an die Regeln halten.

Wie alt muss ich dafür sein?

Mitdemonstrieren kannst du praktisch schon im Mutterleib. Es gibt kein Mindestalter, um an einer Demo teilzunehmen. Für Ordner gelten je nach Bundesland unterschiedliche Altersgrenzen. Manchmal kannst du das schon ab 14 machen, manchmal musst du 18 Jahre alt sein.

Mehr Infos zu der jeweiligen Demo bekommst du im Internet. Einfach googeln!

Wählen gehen

Was mache ich da?

- Ohne Wahlen keine Demokratie! So einfach ist das. Du kannst mitentscheiden, wer in Zukunft die politischen Entscheidungen in deinem Dorf, in deiner Stadt, in deinem Bundesland, in Deutschland oder für die gesamte Europäische Union treffen darf.
- Überlege dir vor einer Wahl, was dir wichtig ist, und schaue, welche Parteien oder Kandidatinnen am ehesten deine Positionen vertreten. Am einfachsten geht das mit dem Wahl-O-Mat oder ähnlichen Programmen. Die Parteien bieten auf ihren Websites oft auch Kurzversionen ihrer Wahlprogramme.

Wie alt muss ich dafür sein?

16 Jahre bei der Europawahl, bei Kommunalwahlen und bei einigen Landtagswahlen; 18 Jahre bei der Bundestagswahl und den anderen Landtagswahlen.

Mehr Infos bekommst du auf den Internetseiten der Parteien oder auf Wahlkampfveranstaltungen. Die Wahlunterlagen werden dir automatisch mit der Post einige Wochen vor der Wahl nach Hause geschickt.

Als Wahlhelfer melden

Was mache ich da?

- Du sorgst für einen reibungslosen Ablauf der Wahl, kontrollierst Wahlscheine und Adressen.
- Du überwachst, dass niemand bei der Wahl betrügt.
- Du zählst nach Ablauf der Wahl die Stimmen aus. Wenn die Ergebnisse dann verkündet werden, kannst du sagen: Ich habe meinen Teil dazu beigetragen.
- Wahlen finden an Sonntagen statt, und oft werden Schulen als Wahllokale genutzt. Schlimmstenfalls verbringst du also einen Sonntag im Klassenzimmer. Aber hey: Du hast ja sehr gute Gründe.

Wie alt muss ich dafür sein?

Wenn du Wahlhelfer sein willst, musst du für die entsprechende Wahl auch wahlberechtigt sein. In den meisten Fällen ist das ab 18, manchmal ab 16 Jahren der Fall.

Mehr Infos gibt es unter https://verwaltung.bund.de/leistungsverzeichnis/de/leistung/99128008104000.

Einen Abgeordneten im Parlament besuchen

Was mache ich da?

- Du besuchst die Abgeordneten aus deinem Wahlkreis im Landtag oder im Bundestag und schaust dir an, wie sie arbeiten. Dafür musst du natürlich in die Hauptstadt deines Bundeslandes oder nach Berlin reisen, entweder allein oder mit deiner Schulklasse.

- Du nimmst als Zuschauer an einer Sitzung des Parlaments teil und bekommst eine Führung durch die Parlamentsräume.
- Es gibt dort zwar nicht so viele Plätze, aber manchmal ist auch ein Besuch im Europäischen Parlament möglich.

Wie alt muss ich dafür sein?
Wenn du diese Zeilen liest, bist du sicherlich alt genug.

Mehr Infos über einen Besuch im Deutschen Bundestag findest du hier: https://www.bundestag.de/besuche. Oder frag einfach bei den Abgeordneten deines Wahlkreises nach, welche Besuchsmöglichkeiten es gibt. Die Abgeordneten kannst du googeln.

In einem Jugendbeirat aktiv werden

In vielen Gemeinden und Landkreisen in Deutschland können Jugendliche die lokale Politik mitbestimmen. Je nach Ort gibt es dafür Jugendbeiräte, Jugendparlamente oder Jugendkonferenzen.

Was mache ich da?
- Du kannst bei Entscheidungen auf lokaler Ebene mitwirken.
- Du diskutierst mit Politikerinnen und Politikern aus deiner Nähe über politische Themen.
- Du bekommst einen Einblick in aktuelle Planungen der Stadt, der Gemeinde oder des Landkreises.

- Du kannst Vorschläge unterbreiten, die die lokale Politik umsetzen soll. Das kann der Neubau eines Basketballfelds sein, eine Änderung beim Schulbus-Betrieb oder die Renovierung des Jugendtreffs.
- Du kannst Wettbewerbe veranstalten, etwa für einen besseren Klimaschutz in deiner Gemeinde. Die Umsetzung kann mit Projektgeldern finanziert werden.

Wie alt muss ich dafür sein?

Kommt darauf an, wofür du dich interessierst und wo du wohnst. Zu einer Jugendkonferenz kannst du zum Beispiel mit 13 Jahren fahren. In Jugendbeiräte kann man sich auch schon mit 10 Jahren wählen lassen.

Mehr Infos dazu findest du auf der Website deiner Stadt, deiner Gemeinde oder deines Landkreises.

An einem EU-Jugendseminar teilnehmen

Was mache ich da?

- Du diskutierst mit Jugendlichen und jungen Erwachsenen aus Europa über politische Themen.
- Die Ergebnisse eurer Diskussion präsentiert ihr dann einem Abgeordneten des Europäischen Parlaments.
- Die Veranstaltung findet auf Deutsch, Englisch oder Französisch statt.
- Falls es keine Online-Veranstaltung ist, fährst du dafür zu einem der beiden Sitze des Europäischen Parlaments, entweder nach Brüssel oder Straßburg.

Wie alt muss ich dafür sein?

Mindestens 16 Jahre.

Mehr Infos unter https://visiting.europarl.europa.eu/de/education-learning/youth-seminars.

Bei einem UN-Planspiel mitmachen

Was mache ich da?

- Du simulierst eine Sitzungswoche der Vereinten Nationen. Dabei übernimmst du die Rolle eines UN-Mitgliedsstaates.
- Du bereitest dich über mehrere Wochen darauf vor, zum Beispiel in einer Schul-AG, und fährst dann nach Bonn zum eigentlichen Planspiel. Dort treffen sich mehr als 200 Jugendliche.
- In Bonn vertrittst du dann die Interessen dieses Landes in den simulierten UN-Ausschüssen und in der Generalversammlung.

Wie alt muss ich dafür sein?

Du musst in der Oberstufe sein.

Mehr Infos unter https://spun.de/index.php.

In eine Partei oder deren Jugendverband eintreten

Was mache ich da?

- Das kommt zuallererst auf deinen Ehrgeiz an. Von Beitrag zahlen bis Bundeskanzlerin werden ist alles drin, jedenfalls im Prinzip.
- Du triffst dich in Ortsgruppen und diskutierst über Politik auf lokaler, regionaler oder Bundesebene.
- Du kannst dich für Ämter innerhalb der Partei aufstellen lassen.
- Je nach Amt kann es sein, dass du zu Parteikonferenzen fährst und dort mitbestimmst, wer Landtagskandidat oder Bundestagskandidat in deinem Wahlkreis wird.
- Je nach Amt bestimmst du mit, mit welchem Programm die Partei im Land oder im Bund antritt.

Wie alt muss ich dafür sein?

Bei den Parteijugenden kannst du meist ab 14 Jahren mitmachen. Um Mitglied einer Partei zu werden, musst du je nach Partei meistens 14 oder 16 Jahre alt sein.

Mehr Infos findest du auf den Websites der Parteien.

Schöffe werden

An Amts- und Landgerichten werden immer wieder erwachsene Schöffen gesucht. Das sind normale Bürgerinnen und Bürger, die als ehrenamtliche Richter bei bestimmten Fällen mitentscheiden dürfen. Gewählt werden sie für fünf Jahre.

Was mache ich da?

- An bis zu 12 Sitzungstagen pro Jahr nimmst du als Schöffe an einer Gerichtsverhandlung teil. In einem Schöffengericht sitzen zwei Schöffen und ein bis drei Berufsrichterinnen und -richter.
- Du entscheidest über schuldig oder nicht schuldig, auch das Strafmaß bestimmst du mit. Deine Stimme und die deines Mit-Schöffen zählt dabei genauso viel wie die der Berufsrichterin.

Wie alt muss ich dafür sein?

Schöffe werden können alle Menschen ab 25 Jahren. Bewerben kann man sich schon mit 24 Jahren.

Mehr Infos findest du hier:
https://www.schoeffenwahl.de/.

Einen Verein gründen

Was mache ich da?

- Du engagierst dich für eine Sache, die dir wichtig ist. Von der Verschönerung deines Dorfes bis zur Unterstützung von Geflüchteten ist vieles denkbar. Allein in Deutschland gibt es mehr als 600 000 registrierte Vereine.
- Du kannst Spenden einnehmen und damit die Vereinsarbeit finanzieren.
- Du kannst Dinge auch abseits der Politik verändern.

Wie alt muss ich dafür sein?

Um einen Verein zu gründen, musst du 18 Jahre alt sein. Mitglied werden kannst du je nach Verein schon viel früher.

Mehr Infos findest du hier: https://deutsches-ehrenamt.de/verein-gruenden/die-vereinsgruendung/.

Nicht schweigen und widersprechen

Was mache ich da?

- Du hast den Mut, deine Meinung zu sagen, wann immer du willst – in der Schule, am Küchentisch, auf der Straße.
- Du hast den Mut, dich gegen Benachteiligungen aller Art zu positionieren. Das ist in manchen Situationen gar nicht so einfach. Aber Demokratie leben heißt auch, sie vor denjenigen zu schützen, die sie nicht respektieren.

Wie alt muss ich dafür sein?

Du musst sprechen oder schreiben können, das reicht.

Mehr Infos brauchst du nicht.

HÖR TIPP **Aktiv werden: Wie können wir mehr bewegen? SPIEGEL-Podcast mit Raúl Krauthausen**[428]

Gesichter der Demokratie: ***Fridays for Future*** *(global)* **2018*

Mit einem selbst gemalten Schild fing alles an. »Skolstrejk för Klimatet«, stand darauf geschrieben, schwedisch für »Schulstreik fürs Klima«. Am ersten Schultag nach den Sommerferien setzte sich Greta Thunberg auf die Pflastersteine gegenüber dem schwedischen Parlament. Drei Wochen lang wollte die 15-Jährige im August 2018 für mehr Klimaschutz protestieren. Schweden stand damals kurz vor einer Wahl. Thunberg forderte, die neue Regierung solle das Pariser Klimaabkommen einhalten.[429]

Je länger Greta dort saß, desto mehr Schülerinnen und Schüler gesellten sich zu ihr. Nach drei Wochen führten sie ihren Streik fort – immer freitags. Die Idee, für Klimaproteste die Schule zu schwänzen, ging um die Welt. Ein Instagram-Hashtag gab der Bewegung den Namen: #fridaysforfuture.

Innerhalb eines Jahres wurde Fridays for Future zu einer Massenbewegung. Zu den Jugendlichen gesellten sich auch Eltern, Großeltern, Lehrerinnen und Lehrer.[430] Rund vier Millionen Menschen nahmen am größten weltweiten Klimastreik im September 2019 teil.[431] Es fällt schwer, einen globalen Protest zu finden, der mehr Menschen an einem Tag auf die Straße brachte.

Fridays for Future hat gezeigt, was öffentlicher Protest in einer Demokratie erreichen kann. In Deutschland googelten nach dem großen Klimastreik im September 2019 mehr Menschen den Begriff »Klimawandel«.[432] Einer Schweizer Studie zufolge fühlte sich ein Drittel der Befragten motiviert, sich nun umweltbewusster zu verhalten.[433] Die Grünen bekamen in Deutschland bei der Europawahl 2019 deutlich mehr Stimmen, bei der Landtagswahl in Hamburg verdoppelte sie ihren Stimmenanteil.

Jede Bewegung muss für sich entscheiden, welche Protestform sie wählt. Manche riskieren ihr Leben, etwa mit einem Hungerstreik. Manche stellen sich einfach mit einem Schild vors Parlament. Fridays for Future hatte einen sehr hohen Ertrag für einen geringen Einsatz. Zum Preis von zivilem Ungehorsam (Schulstreik für einen Tag) erhielt die Bewegung massenhaften Zulauf und globale Aufmerksamkeit.

Greta Thunberg geriet jedoch in jüngster Zeit mit anderen Aktionen in die Schlagzeilen. 2023 sorgte sie mit Aussagen zu Israel und Gaza für Empörung.[434] Die internationalen Accounts von Fridays for Future verbreiteten teils antisemitische Botschaften.[435] Die deutsche Sektion von Fridays for Future distanzierte sich mehrfach davon.[436]

Mit dem Begriff Fridays for Future verbanden viele nun nicht mehr nur eine Klimabewegung, sondern auch radikale Äußerungen zum Nahostkonflikt. Wie am Anfang der Bewegung sind es Aktionen von Greta Thunberg, die das Bild von Fridays for Future prägen. Auch wenn weiterhin Tausende für Klimaschutz auf die Straße gehen: Die Erfolge von 2019 konnte die Bewegung nicht wieder erreichen. 2024 organisierte dann die deutsche Sektion aber einige der größten Demokratie-Demos in Deutschland mit.

Schlussgedanken

Ist die Demokratie also nun die beste Regierungsform? Der frühere britische Premierminister Winston Churchill sagte dazu einmal: »Demokratie ist die schlechteste aller Staatsformen, ausgenommen alle anderen, die bisher so ausprobiert wurden.«[437] Was er damit sagen wollte: Eine Demokratie hat ihre Mängel. Sie macht Fehler, ist nie perfekt. Aber sie bietet eben auch mehr Vorteile als alle anderen Staatsformen.

Ganz gewiss ist die Demokratie die sicherste Regierungsform. Sie schafft es besser als andere, ihren Bürgerinnen und Bürger die gleichen Rechte zu sichern, sie vor Gewalt zu schützen[438] und ihren Wohlstand zu bewahren. Und ganz bestimmt ist sie die freieste. Kein anderes System gibt so vielen Menschen so viele Möglichkeiten, sich in ihrer Persönlichkeit zu entfalten.

Doch mit der Freiheit kommt immer auch Verantwortung. Je mehr wir selbst entscheiden können, desto mehr gestalten wir nicht nur unser Leben, sondern auch das von anderen mit. Das macht die Demokratie so fordernd – wie ein Spiel oder ein Musikinstrument, dessen Regeln man lernen und immer wieder einüben muss.

Demokratie heißt zum Beispiel, verlieren zu können.

Es ist Teil des demokratischen Spiels, dass mal die einen gewinnen und mal die anderen. Wer das zu durchkreuzen versucht, verhält sich undemokratisch.

Demokratie heißt auch, Widersprüche aushalten zu können. Etwa den Widerspruch, dass wir Volksvertreter ins Parlament wählen – und die trotzdem ihre eigene Meinung haben können. Oder den Widerspruch, dass man die Politik eines Menschen in vielen Punkten falsch finden kann – und trotzdem auf manchen Feldern mit ihm zusammenarbeitet. Manche Kapitel in diesem Buch waren überschrieben mit scheinbaren oder echten Gegensätzen: Sicherheit und Freiheit, Vertrauen und Misstrauen. In einer Demokratie wird immer wieder abgewogen: Wie viel muss von dem einen für das andere geopfert werden? Schwarz-Weiß gibt es nur selten.

Demokratie ist deshalb auch mehr Fragezeichen als Ausrufezeichen. Selten ist eine Entscheidung wirklich endgültig. In der Demokratie ist sie immer wieder anfechtbar, sei es in der öffentlichen Debatte, vor Gericht oder im Parlament. Demokratie heißt, sich klarzumachen, dass unser Gegenüber recht haben könnte; es bedeutet, zu lernen und sich Fehler eingestehen zu können.

Demokratie heißt auch, Kompromisse einzugehen und dabei auf die zu achten, die nicht in der Mehrheit sind. Der Zustand einer Demokratie bemisst sich nicht zuletzt daran, wie sie mit Minderheiten umgeht. Was würde passieren, wenn sich nur Menschen mit Behinderung für rollstuhlgerechte Zugänge engagieren würden? Vermutlich nicht viel. Demokratie bedeutet, Verbündete zu finden, Allianzen zu schmieden und nicht nur die eigene Betroffenheit im Blick zu haben.

Der Jurist Fritz Bauer galt als einer der wichtigsten »Nazi-Jäger« der Bundesrepublik. Als Generalstaatsanwalt sorgte er nach 1945 dafür, dass Nazis wegen ihrer Verbrechen auf die Anklagebank kamen, auch viele Jahre nach dem Krieg. 1964 stellte er sich in einer Fernsehsendung den Fragen von Studierenden. Genau in diesem Jahr war auch die rechtsextreme NPD gegründet worden. Es gab also viel zu reden – über das, was eine Demokratie ausmacht, und über das, was eine Demokratie aushalten kann.

»Sie können Paragrafen machen, Sie können Artikel schreiben, Sie können die besten Grundgesetze machen«, sagte Bauer und schaute in die Gesichter der Studierenden. »Was Sie brauchen, sind die richtigen Menschen, die diese Dinge leben.«[439] Bauer musste es wissen. Manche Täter kamen erst zwanzig Jahre nach ihren Gräueltaten vor Gericht, weil sie lange von anderen – in Staat und Gesellschaft – geschützt worden waren. Der undemokratische Geist aus der Nazi-Zeit wirkte noch Jahrzehnte später in vielen Köpfen nach.

Filmtipp: Der Staat gegen Fritz Bauer (2015)

Was Fritz Bauer damit sagen wollte: Eine Demokratie besteht aus mehr als nur einem Parlament, Wahlen und einer Gewaltenteilung. Wahlen, die nicht frei sind, sind wertlos. Gesetze, die niemand befolgt, sind wirkungslos. Und Gerichte, die nicht unabhängig urteilen, sind funktionslos.

Eine Demokratie ist nur so stark, wie die Menschen in ihr sie machen. Ansonsten ist eine Verfassung nur bedrucktes Papier und ein Parlament ein Haus mit vielen Sitzen. Gesetze, Ausschüsse, Gerichte und Behörden sind nur die Bausteine einer Demokratie. Die Menschen in ihr sind der Mörtel. Erst sie machen ein demokratisches Haus stabil.

Deshalb gab es in diesem Buch auch so viele Porträts von Menschen wie Willy Brandt und Maria Ressa, Derek Black und Ida B. Wells. Sie alle lebten und leben Demokratie auf ihre Weise. Eine wichtige Person fehlt aber noch in dieser Reihe. Denn prominent muss man nicht sein, um ein Gesicht der Demokratie zu werden. Auch einen Nobelpreis braucht es nicht. Demokratie fängt am Küchentisch an, vor der Haustür, in der Schule und am Arbeitsplatz. Ein entscheidendes Gesicht der Demokratie bist nämlich auch

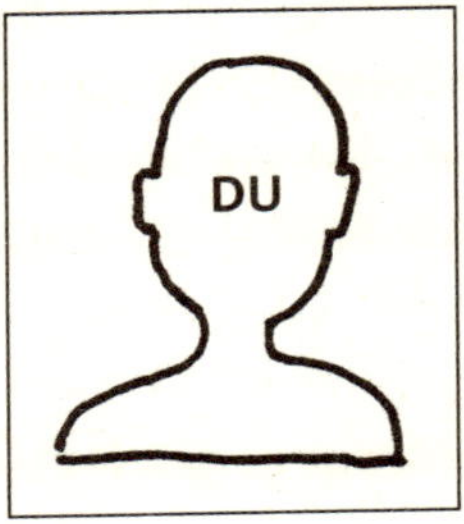

Quellen

1 http://naenara.com.kp/main/index/ge/politics?arg_val=leader3
2 https://www.unicef.de/informieren/projekte/asien-4300/nordkorea-120178/mangelernaehrung/64518
3 https://www.csis.org/analysis/north-koreans-want-external-information-kim-jong-un-seeks-limit-access, https://rsf.org/en/index, http://pscore.org/internet-freedom-de/
4 https://www.globalasia.org/v16no3/cover/explaining-food-insecurity-in-north-korea-the-self-sufficiency-fallacy_hazel-smith
5 https://www.kas.de/de/web/bremen/veranstaltungsberichte/detail/-/content/das-grundgesetz-beschreibt-unseren-werte kanon
6 https://www.bpb.de/kurz-knapp/lexika/politiklexikon/17134/autokratie/
7 https://www.bpb.de/kurz-knapp/lexika/das-junge-politik-lexikon/319894/autoritaeres-system/
8 https://democracybarometer.org/, https://www.eiu.com/n/campaigns/democracy-index-2022, https://www.v-dem.net/publications/democracy-reports/, https://freedomhouse.org/
9 https://apps.who.int/gho/data/node.main.688
10 https://happiness-report.s3.amazonaws.com/2023/WHR+23.pdf#page=36
11 https://www.imf.org/external/datamapper/NGDPDPC@WEO/OEMDC/ADVEC/WEOWORLD, https://www.journals.uchicago.edu/doi/10.1086/700936
12 https://www.stern.de/gesellschaft/the-economist--nur-noch-45-prozent-der-weltbevoelkerung-lebt-in-einer-demokratie-31615106.html
13 https://www.bpb.de/themen/asien/china/44270/charakteristikades-politischen-systems/

14 https://time.com/6139988/countries-where-twitter-facebook-tiktok-banned/

15 https://wikimediafoundation.org/news/2019/05/17/wikimedia-foundation-urges-chinese-authorities-to-lift-block-of-wikipedia-in-china/

16 https://www.cnn.com/2023/12/15/tech/gpt4-china-baidu-ernie-ai-comparison-intl-hnk/index.html

17 https://www.zeit.de/politik/ausland/2021-09/china-internet-kontrolle-nachrichtenseiten-plattformen-zensur-oeffentlichkeit

18 https://www.focus.de/politik/deutschland/25-jahre-mauerfall/geheimarchiv-rote-nelke-stasi-bespitzelte-selbst-sed-spitzenfunktionaere_id_4178648.html

19 Simon Sebag Montefiore: Stalin. The Court of the Red Tsar, New York 2005, S. 638, hier online: https://t1p.de/nhe1g

20 https://www.karlspreis.de/de/preistraeger/maria-kalesnikava-swetlana-tichanowskaja-und-veronica-tsepkalo-2022/vita

21 https://www.dw.com/de/wer-ist-sergej-tichanowski-und-warum-wird-er-in-belarus-verfolgt/a-60109377

22 https://www.tagesspiegel.de/politik/die-mutigen-frauen-von-minsk-4182868.html

23 https://www.spiegel.de/ausland/belarus-vater-der-inhaftierten-maria-kalesnikava-a-97c2b455-bbfd-4fb8-9629-0340b7f98256

24 https://www.n-tv.de/politik/So-faelschte-Belarus-seine-Wahlarticle21999878.html

25 https://www.rnd.de/politik/wo-ist-maria-kolesnikowa-dissidentin-soll-pass-zerrissen-und-ausreise-verweigert-haben-ZSLVHBR26MWWYSZUMGLY2LDG5M.html

26 https://www.tagesspiegel.de/politik/anklage-gegen-belarussische-oppositionelle-kolesnikowa-erhoben-4196872.html

27 https://www.spiegel.de/ausland/maria-kalesnikava-in-haft-es-ist-folter-anders-kann-man-es-nicht-nennen-a-e1aa72f4-2c6342c1-ad3a-d1be18791904

28 https://prisoners.spring96.org/en

29 https://www.norc.org/content/dam/norc-org/pdfs/NORC%202020%20Cocoa%20Report_English.pdf#page=31, https://makechocolatefair.org/probleme/kinderarbeit-im-kakaoanbau

30 https://www.unicef.org/media/52626/file#page=11
31 https://makechocolatefair.org/probleme/niedrige-kakaopreise-und-einkommen-fuer-kakaobaeuerinnen, https://www.cocoa initiative.org/sites/default/files/resources/Cocoa-Barometer-2015-USA.pdf#page=35
32 https://www.dstgb.de/aktuelles/archiv/archiv-2015/kein-generelles-tempo-30/
33 https://www.gesetze-im-internet.de/stvo_2013/__3.html
34 https://www.vcd.org/fileadmin/user_upload/Redaktion/Strassen_fuer_Menschen/Tempo30_Soforthilfe_Papier_2021.pdf#page=2
35 https://www.gesetze-im-internet.de/stvg/__5b.html
36 https://www.spiegel.de/auto/freiburg-gericht-weist-klagen-zu-freiwillig-tempo-30-schildern-ab-a-54178648-1100-4b5c-b462-474ff8ffdad3
37 Hubertus Buchstein: Demokratie und Lotterie. Das Los als politisches Entscheidungsinstrument von der Antike bis zur EU, Frankfurt/Main 2009, S. 17, hier online: https://t1p.de/t40c1
38 https://www.bpb.de/shop/zeitschriften/izpb/demokratie-332/248544/grundzuege-der-athenischen-demokratie/
39 https://grbs.library.duke.edu/index.php/grbs/article/download/16643/7495/21906
40 Peter Funk: Athen in klassischer Zeit, München 2019, S. 59, hier online: https://t1p.de/zrqa5
41 https://www.uni-hamburg.de/en/newsroom/forschung/2017-07-24-antike-losmaschine.html
42 https://www.bpb.de/shop/zeitschriften/izpb/demokratie-332/248549/prinzipien-republikanischen-denkens/
43 Karl-Friedrich Krieger: Geschichte Englands von den Anfängen bis zum 15. Jahrhundert, München 2002, S. 148, hier online: https://t1p.de/y4j20
44 https://www.parliament.uk/magnacarta/
45 https://www.parliament.uk/about/living-heritage/evolutionofparliament/originsofparliament/birthofparliament/overview/magnacarta/magnacartaclauses/
46 https://www.parliament.uk/2015/
47 https://webarchiv.bundestag.de/archive/2007/0206/blickpunkt/104_Dossier/0604/0604019.htm
48 https://www.parliament.uk/about/living-heritage/

evolutionofparliament/originsofparliament/birthofparliament/overview/magnacarta/magnacartahow/
49 https://www.parliament.uk/about/how/role/check-and-approve-government-spending-and-taxation/the-budget-and-parliament/
50 https://www.rwi.uzh.ch/elt-lst-mahlmann/rechtstheorie/locke/de/html/unit_u3.html
51 https://www.bpb.de/kurz-knapp/lexika/politiklexikon/17794/liberalismus/
52 https://www.bpb.de/shop/zeitschriften/izpb/demokratie-332/248555/wege-zur-modernen-demokratie/
53 http://expositions.bnf.fr/montesquieu/de-l-esprit-des-lois/citations.htm
54 https://www.vr-elibrary.de/doi/abs/10.7788/saec.2019.69.1.109
55 Neue Zürcher Zeitung, 2. April 1848, hier online: https://t1p.de/ptkmq
56 https://www.stadtgeschichte-ffm.de/de/veranstaltungen/ausstellungen/501/auf-die-barrikaden-paulskirchenparlament-und-revolution-1848-49-in-frankfurt
57 https://www.bundesarchiv.de/digitalisate/_foxpublic/files/DB51_Abgeordnete.pdf
58 https://geschichte.spd-bw.de/de/um-freiheit-und-soziale-demokratie/1848.html
59 https://www.bundestag.de/resource/blob/190456/f8d637d1039a06a614cff0264f8b5d10/reichstagswahlergebnisse-data.pdf
60 https://european-union.europa.eu/institutions-law-budget/law/types-legislation_de
61 https://www.bpb.de/shop/zeitschriften/apuz/26625/der-lange-weg-zur-demokratischen-schulkultur/
62 John Dewey: Demokratie und Erziehung, Breslau 1930, S. 139, hier online: https://t1p.de/yds40
63 https://www.bpb.de/themen/zeit-kulturgeschichte/68er-bewegung/51966/68-in-den-betrieben/
64 https://www.sueddeutsche.de/wissen/geschichte-frankfurt-am-main-ausstellung-zu-schuelerprotesten-im-jahr-1968-dpa.urn-newsml-dpa-com-20090101-180410-99-832447
65 https://www.spiegel.de/politik/deutschland/gruenen-ministerpraesident-winfried-kretschmann-erklaert-zeit-als-maoist-a-c8cefc3b-36f6-4b3c-a345-6ef2cb475287

66 https://freedomhouse.org/report/freedom-world/50-Year-Timeline
67 https://www.bpb.de/themen/wahl-o-mat/bundestagswahl-2021/
68 https://www.buergerrat.de/buergerraete/bundesweite-buergerraete/
69 Bericht über den Verfassungskonvent auf Herrenchiemsee, München 1948, S. 61, hier online: https://t1p.de/bh2dp
70 https://www.bundesverfassungsgericht.de/SharedDocs/Entscheidungen/DE/2017/01/bs20170117_2bvb000113.html;jsessionid=B033AFF490D59CE28FA4C2BA15E3F453.internet982
71 https://www.bpb.de/kurz-knapp/lexika/handwoerterbuch-politisches-system/202025/freiheitliche-demokratische-grundordnung/
72 https://www.gesetze-im-internet.de/gg/art_79.html
73 https://www.bundestag.de/resource/blob/951984/51e47ae46ab4ce7246e288e47feddobb/WD-3-048-23-pdf-data.pdf
74 https://www.stasi-unterlagen-archiv.de/mfs-lexikon/detail/teske-werner/
75 https://www.senat.fr/senateur-4eme-republique/tharradin_lucien0066r4.html
76 https://ludwigsburg-montbeliard.bsz-bw.de/frontdoor/deliver/index/docId/513/file/Rencontre-des-maires.pdf
77 http:/cassini.ehess.fr/fr/html/fiche.php?select_resultat=23194
78 https://www.montbeliard.fr/uploads/pdf/MESS_23_web.pdf#page=18
79 https://ludwigsburg-montbeliard.bsz-bw.de/frontdoor/deliver/index/docId/587/file/La+gazette+des+archives.pdf#page=4
80 https://www.ludwigsburg.de/site/Ludwigsburg-Internet-2020/get/params_E-1990905876/18058272/Jahresrueckblick-Ludwigsburg-Montb%C3%A9liard-Sonder2020-franzoesisch.pdf#page=12
81 https://ludwigsburg-montbeliard.bsz-bw.de/frontdoor/index/index/docId/434
82 https://ludwigsburg-montbeliard.bsz-bw.de/frontdoor/deliver/index/docId/513/file/Rencontre-des-maires.pdf
83 https://www.diplomatie.gouv.fr/de/frankreichs-beziehungen-zu-deutschland-osterreich-und-der-schweiz/dezentralisierte-zusammenarbeit/
84 https://lucien-tharradin.eu/index_de.html

85 Lutz Berthold: Das konstruktive Misstrauensvotum und seine Ursprünge in der Weimarer Staatsrechtslehre, in: Der Staat 36 (1997), Nr. 1, S. 87, hier online: https://t1p.de/h3i3p
86 https://www.bmj.de/DE/rechtsstaat_kompakt/rechtsstaat_grundlagen/gewaltenteilung/gewaltenteilung_artikel.html
87 https://www.bundestag.de/parlament/aufgaben/gesetzgebung_neu/gesetzgebung/weg-255468
88 https://www.gesetze-im-internet.de/gg/art_65.html
89 https://www.tagesschau.de/inland/innenpolitik/scholz-machtwort-regierung-koalition-101.html
90 https://www.bundesrat.de/SharedDocs/glossarentry/DE/E/Exekutive.html
91 https://www.bundesregierung.de/breg-de/schwerpunkte/klimaschutz/neues-gebaeudeenergiegesetz-2184942
92 https://web.archive.org/web/20231228191604/https://service-sb.lkos.de/fr/meine-antraege/-/egov-bis-detail/dienstleistung/34309/show
93 https://www.gesetze-im-internet.de/geg/__108.html
94 https://www.tuev-verband.de/ueber-uns/tuev-faqs
95 https://www.tuvsud.com/de-de/branchen/infrastruktur-bahn/infrastruktur/brueckenpruefung-nach-din-1076
96 https://polizei.nrw/artikel/autobahnpolizei
97 https://www.die.hamburg/amtsdelikte-a-640626, https://polizei.nrw/presse/schusswaffengebrauch-im-rahmen-eines-einsatzes-in-geseke
98 https://www.faz.net/aktuell/gesellschaft/kriminalitaet/mann-in-leipzig-erschossen-ermittlungen-gegen-polizeibeamte-18300607.html
99 https://www.rnd.de/panorama/polizei-gegen-polizei-wie-ermittlungen-neutral-bleiben-sollen-MWEXSFB66GR3BZVZNCBDBP3DBU.html
100 https://taz.de/Angeblicher-Angriff-auf-Beamte/!5895590/, https://www1.wdr.de/daserste/monitor/sendungen/korpsgeist-100.html
101 https://www.cdu.de/ueber-uns/struktur-der-cdu
102 https://www.gruene.de/artikel/neue-parteispitze-gewaehlt
103 https://www.zeit.de/2019/51/spd-norbert-walter-borjans-saskia-esken-koalition

104 https://www.zeit.de/politik/deutschland/2019-10/spd-vorsitz-scholz-geywitz-und-esken-walter-borjans-in-der-stichwahl
105 https://www.bundesregierung.de/breg-de/service/bulletin/rede-von-bundespraesident-dr-frank-walter-steinmeier-1533142
106 https://www.tagesspiegel.de/meinung/wozu-brauchen-wir-einen-bundesprasidenten-1759240.html
107 https://www.volksfreund.de/meinung/kommentar/mission-demokratie-staerken-und-verteidigen_aid-6116474
108 https://www.tagesspiegel.de/politik/wie-der-bundesprasidentdas-gesetz-gegen-hasskriminalitat-korrigieren-lasst-4201747.html,
109 https://www.bundespraesident.de/SharedDocs/Reden/DE/Christian-Wulff/Reden/2010/10/20101003_Rede.html
110 https://www.bpb.de/kurz-knapp/lexika/das-junge-politik-lexikon/320981/praesidialdemokratie-praesidentielles-regierungssystem/
111 https://www.parlament.gv.at/verstehen/demokratie-wahlen/demokratie-in-at
112 https://www.bpb.de/shop/zeitschriften/apuz/29886/direktdemokratie-im-internationalen-vergleich/
113 https://www.bundestag.de/services/glossar/glossar/D/direkte_demokratie-247316
114 https://assets.publishing.service.gov.uk/media/5a79d5d7e5274a18ba50f2b6/cabinet-manual.pdf#page=10
115 https://www.stortinget.no/en/In-English/About-the-Storting/Elections/the-formation-of-a-new-government/
116 https://swissvotes.ch/vote/584.00
117 https://www.bk.admin.ch/ch/d/pore/va/20091129/det547.html
118 https://www.bk.admin.ch/ch/d/pore/va/20181125/det623.html
119 https://www.ch-info.swiss/de/edition-2023/direkte-demokratie/abstimmungen
120 https://www.bk.admin.ch/bk/de/home/politische-rechte/volksinitiativen.html, https://www.ch.ch/de/abstimmungen-und-wahlen/initiativen/was-ist-eine-eidgenossische-volksinitiative/#was-ist-eine-eidgenossische-volksinitiative
121 https://www.bk.admin.ch/ch/d/pore/va/20140518/index.html
122 https://www.bk.admin.ch/ch/d/pore/rf/cr/2012/20121820.html
123 https://www.eda.admin.ch/aboutswitzerland/de/home/politik-geschichte/politisches-system.html

124 https://www.bundestag.de/resource/blob/533188/e5abf4bcbd952e18b6fa324737a99a65/gesetzgebung_wp19.pdf
125 https://www.bfs.admin.ch/bfs/de/home/statistiken/politik/abstimmungen/stimmbeteiligung.html, https://www.ch-info.swiss/de/edition-2023/direkte-demokratie/fakten
126 https://www.ch-info.swiss/de/edition-2023/direkte-demokratie/fakten, https://www.eda.admin.ch/aboutswitzerland/de/home/politik-geschichte/politisches-system/direkte-demokratie.html
127 https://www.bmi.gv.at/412/Nationalratswahlen/Historischer_Rueckblick.aspx, https://www.bundestag.de/resource/blob/196086/5eddb14b00aaa0b6b55bc0b5b0767f92/Kapitel_01_05_Wahlberechtigte_und_Wahlbeteiligung-data.pdf
128 https://katapult-magazin.de/de/artikel/direkte-demokratie-in-der-schweiz-ein-vorbild-fuer-deutschland#52-9-prozent-angenommen
129 https://www.bpb.de/kurz-knapp/lexika/handwoerterbuch-politisches-system/202013/direkte-demokratie/
130 Alexis de Tocqueville, Über die Demokratie in Amerika, Stuttgart 1985, S. 145, hier online: https://t1p.de/9mfcp
131 https://www.wahlen-berlin.de/wahlen/BU2017/AFSPRAES/ve/referendum_gemeinde-11-berlin_gesamt.html
132 https://www.willy-brandt-biografie.de/quellen/zitate/zitate-ueber-willy-brandt/
133 https://www.willy-brandt-biografie.de/wp-content/uploads/2017/08/Regierungserklaerung_Willy_Brandt_1969.pdf
134 https://www.1000dokumente.de/index.html?c=dokument_de&dokument=0091_bah&object=translation&l=de
135 https://youtu.be/hguYEbpwVZU?t=113
136 https://www.bundestag.de/besuche/architektur/reichstag/architektur/architekten
137 https://webarchiv.bundestag.de/archive/2007/0206/blickpunkt/104_Dossier/0408028.html
138 https://www.bundestag.de/parlament/grundgesetz/gg-serie-04-bundestag-634566
139 https://www.bundestag.de/parlament/verwaltung
140 https://www.bundestag.de/gebaerdensprache/promi-herz-demokratie-gs-567134
141 https://www.bundestag.de/resource/blob/272474/3c8da5a8d3b2b1c1a2829f60024ad363/Kapitel_03_02_Durchschnittsalter.pdf

https://www.bundestag.de/webarchiv/abgeordnete/biografien19/mdb_zahlen_19/frauen_maenner-529508
142 https://www.btg-bestellservice.de/pdf/70139010.pdf
143 https://www.berliner-zeitung.de/mensch-metropole/drohungen-und-beleidigungen-gegen-bundestagsabgeordnete-ueberlasten-berlins-lka-li.436403
144 https://www.zeit.de/politik/deutschland/2017-06/ehe-fuer-alle-cdu-csu-spd-bundestag-angela-merkel
145 https://www.bundestag.de/webarchiv/abgeordnete/biografien19/mdb_zahlen_19/familienstand-529502
146 https://www.bundestag.de/besuche/architektur/loebehaus/loebehaus-198886
147 https://www.bundestag.de/abgeordnete/biografien/K/kersten_franziska-861316, https://www.bundestag.de/abgeordnete/biografien/N/nick_ophelia-860916, https://www.bundestag.de/abgeordnete/biografien/R/rief_josef-857912, https://www.bundestag.de/abgeordnete/biografien/A/auernhammer_artur-857084
148 https://www.bundestag.de/ausschuesse/a15_verkehr/anhoerungen/934614-934614
149 https://www.bundestag.de/resource/blob/983110/5ea1c06eb2764ae10d565b95b6cbe798/20231215_5.pdf
150 https://www.bundeswehr.de/de/ueber-die-bundeswehr/selbstverstaendnis-bundeswehr/innere-fuehrung
151 https://www.bundeswehr.de/resource/blob/5214382/2ffc83a2aabd68f56f6bfe3dca5df0b0/07-infue-und-siu-im-wandel-data.pdf
152 https://www.bundestag.de/abgeordnete/mdb_diaeten/mdb_diaeten-214848
153 https://www.welt.de/politik/article301337/Muentefering-Opposition-ist-Mist.html
154 https://www.google.de/url?sa=t&rct=j&q=&esrc=s&source=web&cd=&ved=2ahUKEwiDqNio89KDAxXN8gIHHdk_DZoQFnoECDkQAQ&url=https%3A%2F%2Fjournals.uni-goettingen.de%2Fgoettinger-rechtszeitschrift%2Farticle%2Fdownload%2F1181%2F1237&usg=AOvVaw3rahnRE6afqU-mVMz378A2&opi=89978449
155 https://www.martinarenner.de/parlament/anfragen-und-antraege/kleine-anfragen/

156 https://www.bundestag.de/webarchiv/textarchiv/2010/29580373_untersuchungsausschuesse-201648
157 https://www.bundestag.de/resource/blob/705366/e339deacf07d1d4312b250db61241d7e/WD-3-125-20-pdf-data.pdf
158 https://www.ndr.de/geschichte/chronologie/Gebeugte-Wahrheit-Engholms-Ruecktritt-nach-der-Barschel-Affaere,engholm123.html
159 https://www.deutschlandfunk.de/untersuchungsausschuss-hat-eine-herkulesaufgabe-100.html
160 https://webarchiv.bundestag.de/archive/2016/1004/dokumente/textarchiv/2010/29580373_untersuchungsausschuesse/201648.html
161 https://www.bundestag.de/dokumente/textarchiv/28290403_misstrauensvotum01-200574
162 https://www.bundesbank.de/resource/blob/615162/5a2ab631c106f9a6438899323321ec31/mL/kaufkraftaequivalente-historischer-betraege-in-deutschen-waehrungen-data.pdf
163 https://www.zeit.de/politik/ausland/2022-12/korruption-eu-parlament-katar-eva-kaili-festnahme#wie-standen-die-beschuldigten-mit-katar-in-verbindung
164 https://www.handelsblatt.com/politik/international/katar-gate-comeback-einer-ausgestossenen-eva-kaili-draengt-zurueck-auf-die-politische-buehne/29200982.html
165 https://www.bundestag.de/abgeordnete/nebentaetigkeit
166 https://teva.contentdm.oclc.org/digital/collection/p15138coll18/id/176/
167 https://nmaahc.tumblr.com/post/158549406231/a-voice-for-thevoiceless-the-legacy-of-ida-b
168 https://youtu.be/ML8XiKVStWQ?t=1344
169 https://youtu.be/ML8XiKVStWQ?t=1308
170 https://www.si.edu/object/npg_NPG.2009.36
171 https://www.pulitzer.org/prize-winners-by-year/2020
172 https://www.flickr.com/photos/41894180030@N01/43033815215/
173 https://www.nps.gov/articles/000/a-noble-endeavor-ida-b-wells-barnett-and-suffrage.htm
174 https://www.ctvnews.ca/world/netanyahu-airlifted-to-airport-after-protesters-block-road-1.6305813
175 https://www.tagesschau.de/ausland/asien/israel-justizreform-122.html

176 https://www.nytimes.com/2018/07/03/world/europe/poland-supreme-court-protest.html, https://www.reuters.com/article/us-poland-judiciary-toga-march/thousands-protest-against-polands-plan-to-discipline-judges-idUSKBN1ZA0PD/, https://www.deutschlandfunk.de/massenproteste-in-polen-widerstand-gegen-justizreform-100.html
177 https://www.bundestag.de/services/glossar/glossar/R/rechtsstaat-245518
178 https://www.verwaltungsgericht-osnabrueck.niedersachsen.de/aktuelles/pressemitteilungen/klage-des-bundesministeriums-der-justiz-und-fur-verbraucherschutz-bmjv-gegen-mediale-ausserungen-der-staatsanwaltschaft-osnabruck-erfolgreich-212-335.html
179 https://www.spiegel.de/panorama/justiz/birgit-malsack-winkemann-inhaftierte-richterin-aus-reichsbuerger-szene-des-dienstes-enthoben-a-bb5262e5-e435-4947-8cac-154ccaf9143e
180 https://www.wbs.legal/arbeitsrecht/10-jahre-wartezeit-fuer-aloha-tattoo-polizist-darf-sich-taetowieren-lassen-63563/
181 https://www.tagesschau.de/ausland/eugh-polen-128.html
182 https://www.spiegel.de/ausland/europaeischer-gerichtshof-fuer-menschenrechte-verurteilt-italien-wegen-erniedrigung-von-migranten-a-e71f0b10-ece6-41b3-9891-19e56d28f370
183 https://www.spiegel.de/ausland/lee-anderson-stellvertretender-tory-vorsitzender-will-trotz-gerichtsurteil-nach-ruanda-abschieben-lassen-a-26b972bd-83c3-44b4-b4c7-f604527aed28
184 https://www.tagesschau.de/ausland/europa/grossbritannien-asylsuchende-101.html
185 https://www.tagesschau.de/ausland/europa/grossbritannien-ruanda-abschiebeflug-101.html, https://hudoc.echr.coe.int/app/conversion/pdf/?library=ECHR&id=003-7359967-10054452&filename=Interim%20measure%20granted%20in%20case%20concerning%20asylum-seeker%E2%80%99s%20imminent%20removal%20from%20the%20UK%20to%20Rwanda.pdf
186 https://www.spiegel.de/ausland/lee-anderson-stellvertretender-tory-vorsitzender-will-trotz-gerichtsurteil-nach-ruanda-abschieben-lassen-a-26b972bd-83c3-44b4-b4c7-f604527aed28

187 https://www.welt.de/politik/ausland/article239516149/London-will-sich-von-Europaeischem-Menschenrechtsgericht-loesen.html
188 https://www.deutschlandfunk.de/buch-der-woche-tagebuecher-von-henry-david-thoreau-der-100.html
189 https://www.deutschlandfunkkultur.de/martin-luther-king-jr-und-henry-david-thoreau-100.html
190 https://asiasociety.org/education/thoreau-gandhi-and-martin-luther-king-jr
191 https://www.youtube.com/watch?v=YJSehRlU34w, https://www.aeinstein.org/198-methods-of-nonviolent-action
192 https://www.gew-hb.de/aktuelles/detailseite/der-generalstreik-gehoert-wieder-auf-die-tagesordnung, https://www.bpb.de/themen/medien-journalismus/netzdebatte/219308/ein-bisschen-verboten-politischer-streik/
193 https://www.bundestag.de/resource/blob/411676/1d0739e54a2a47a77ccb8ac1500c271a/wf-vi-103-06-pdf-data.pdf
194 https://www.theguardian.com/world/2023/oct/24/iceland-prime-minister-joins-womens-strike-katrin-jakobsdottir
195 https://www.cambridge.org/core/journals/international-labor-and-working-class-history/article/abs/revival-of-labor-and-social-protest-research-in-france-recent-scholarship-on-may-1968/9F4F238962F20642781A090665F28152, https://www.tagesspiegel.de/politik/frankreichs-beinahe-revolution-4963087.html
196 https://www.bpb.de/kurz-knapp/hintergrund-aktuell/521815/der-17-juni-1953-im-ueberblick/
197 https://eu.tennessean.com/story/opinion/columnists/teachable-moments/2014/03/12/charles-boycott-lent-his-name-to-protests/6314543/
198 https://www.bbc.com/news/world-us-canada-49488374
199 https://www.nytimes.com/2014/02/11/us/kagan-says-her-path-to-supreme-court-was-made-smoother-by-ginsburg.html
200 https://www.lto.de/recht/feuilleton/f/film-die-berufung-us-richterin-ruth-bader-ginsburg/
201 https://edition.cnn.com/videos/us/2018/08/22/ruth-bader-ginsburg-exercise-routine.cnn
202 https://www.washingtonpost.com/local/crowds-gather-at-supreme-court-to-remember-justice-ruth-bader-ginsburg/2020/09/18/895ee13c-fa18-11ea-be57-d00bb9bc632d_story.html

203 https://www.the-outrage.com/products/rbg-dissent-bib
204 https://www.rbb24.de/politik/beitrag/2023/09/brandenburg-kommune-ammellensee-buergermeisterwahl-stichwahl.html
205 https://www.spiegel.de/politik/deutschland/berlin-wahl-2024-bundestag-wird-einen-sitz-kleiner-a-4b62e3b2-edd3-44a0-b684-3c6704f8626d
206 https://www.bundestag.de/dokumente/textarchiv/2023/kw11-de-bundeswahlgesetz-937896
207 https://www.tagesspiegel.de/politik/linke-klagt-gegen-ampel-wahlrecht-wie-gregor-gysi-in-karlsruhe-auftreten-will-9998791.html
208 https://www.tagesspiegel.de/meinung/karlsruher-urteil-zum-wahlrecht-keine-revolution-leider-10857538.html
209 https://www.stasi-unterlagen-archiv.de/informationen-zur-stasi/publikationen/publikation/nun-falten-sie-den-zettel/
210 https://www.bundesarchiv.de/DE/Content/Virtuelle-Ausstellungen/Wahlen-In-Der-Ddr/wahlen-in-der-ddr.html
211 https://www.stasi-unterlagen-archiv.de/assets/bstu/de/Publikationen/BFi_41_Weber_Wahlen_barrierefrei.pdf
212 https://www.bpb.de/themen/zeit-kulturgeschichte/deutschlandchronik/131997/8-juni-1986/
213 https://www.bundestag.de/parlament/bundestagswahl/wahlgrundsaetze-213172, https://www.bundesregierung.de/breg-de/themen/bundestagswahl-2021/wahlgrundsaetze-1938242
214 https://www.fec.gov/resources/cms-content/documents/federalelections2016.pdf#page=10
215 https://www.dhm.de/lemo/kapitel/kaiserreich/das-reich/dreiklassenwahlrecht.html
216 https://www.tagesspiegel.de/berlin/fehlende-und-falsche-stimmzettel--wahlen-in-berlin-laufen-teils-chaotisch-5409499.html
217 https://web.archive.org/web/20080402060131/http://texaspolitics.laits.utexas.edu/html/vce/0503.html
218 https://americanhistory.si.edu/collections/nmah_537527
219 https://www2.law.umaryland.edu/marshall/usccr/documents/cr12v94.pdf#page=68
220 https://teachdemocracy.org/online-lessons/brown-v-board-50th-

anniversary/race-and-voting#:~:text=Mississippi%20also%20enacted%20a%20%22grandfather,to%20black%20voter%20registration%20worked

221 https://www.archives.gov/research/african-americans/vote#:~:text=The%20infamous%20%E2%80%9Cgrandfather%20clause%2C%E2%80%9D,Amendment%20was%20ratified%2C%20the%20grandfather

222 https://www.crf-usa.org/brown-v-board-50th-anniversary/raceand-voting.html#:~:text=Mississippi%20also%20enacted%20a%20%22grandfather,to%20black%20voter%20registration%20worked

223 https://www.hrw.org/news/2015/12/11/saudi-arabia-landmark-elections-women

224 https://www.nbcnews.com/video/10-women-in-riyadh-saudi-arabia-have-received-their-driving-licenses-1248391235741

225 https://www.archives.gov/publications/prologue/2006/spring/gerry.html

226 https://www.nytimes.com/interactive/2021/10/03/us/politics/texas-redistricting-map-2022.html

227 https://www.bundestag.de/resource/blob/190454/a8cdcc157110effc8472dc8f1ac9742a/wahlen_kaiserreich-data.pdf

228 https://unstats.un.org/unsd/demographic-social/products/worldswomen/documents/Population_BW.pdf#page=1

229 https://www.bpb.de/system/files/dokument_pdf/APuZ_2018-42_online.pdf#page=28

230 https://www.bpb.de/system/files/dokument_pdf/APuZ_2018-42_online.pdf#page=28

231 https://news.stanford.edu/2020/08/12/world-war-strengthened-womens-suffrage/

232 https://web.archive.org/web/20230525174952/https://www.bl.uk/votes-for-women/articles/suffragettes-violence-and-militancy

233 https://www.bpb.de/shop/zeitschriften/apuz/277333/die-suffragetten/, https://www.zeit.de/wissen/geschichte/2011-11/frauenwahlrecht-suffragetten-grossbritannien/komplettansicht

234 https://www.bpb.de/system/files/dokument_pdf/APuZ_2018-42_online.pdf#page=27

235 https://www.bpb.de/shop/zeitschriften/apuz/277333/die-suffragetten/

236 https://www.swissinfo.ch/ger/politik/1991-oder-als-in-der-schweiz-die-letzte-maennerbastion-fiel/46277414
237 https://historisches-lexikon.li/Frauenstimm-_und_-wahlrecht
238 https://www.spd.de/partei/groessen-der-sozialdemokratie/groessen-der-sozialdemokratie-detailseite/speaker/kaete-strobel
239 https://www.bundesarchiv.de/DE/Content/Virtuelle-Ausstellungen/Elisabeth-Schwarzhaupt-Eine-Streitbare-Politikerin/elisabeth-schwarzhaupt-eine-streitbare-politikerin.html
240 https://www.kas.de/de/web/geschichte-der-cdu/personen/biogramm-detail/-/content/elisabeth-schwarzhaupt, https://www.bonn.de/themen-entdecken/soziales-gesellschaft/bonner-frauenorte/Elisabeth-Schwarzhaupt.php
241 https://www.spd.de/partei/groessen-der-sozialdemokratie/groessen-der-sozialdemokratie-detailseite/speaker/kaete-strobel
242 https://www.bundeswahlleiterin.de/info/presse/mitteilungen/bundestagswahl-2021/01_21_wahlberechtigte-geschaetzt.html
243 https://www.deutschlandatlas.bund.de/DE/Karten/Wer-wir-sind/030-Altersgruppen-der-Bevoelkerung.html#_owjllpw32
244 https://www.destatis.de/DE/Themen/Gesellschaft-Umwelt/Bevoelkerung/Migration-Integration/_inhalt.html
245 https://www.buesingen.de/de/Unser-Buesingen/Ortsportrait
246 https://www.parliament.uk/about/living-heritage/building/palace/architecture/palacestructure/churchill/
247 https://erskinemay.parliament.uk/section/4888/silence-clapping-cries-of-hear-hear-etc/#footnote-item-6
248 https://www.deutschlandfunk.de/doppelte-staatsbuergerschaft-ein-gestaendnis-mit-folgen-100.html
249 https://dccouncil.gov/dc-home-rule/
250 https://www.brennancenter.org/our-work/research-reports/dc-statehood-explained
251 https://dmv.dc.gov/service/end-taxation-without-representation-tags
252 https://constitution.congress.gov/browse/essay/intro.3-6/ALDE_00000153/
253 https://www.vrt.be/vrtnws/de/2019/05/24/in-belgien-herrscht-wahlpflicht-was-passiert-wenn-ein-wahlbere/

254 https://elections.fgov.be/electeurs/que-faire-en-cas-dindisponibilite-le-jour-du-vote
255 https://revolution89.de/gesichter/portraet?tx_news_pi1%5Baction%5D=detail&tx_news_pi1%5Bcontroller%5D=News&tx_news_pi1%5Bnews%5D=322&cHash=3a8919abc304ef5afcfdc9a43e5f3409
256 https://taz.de/Gefaelschte-Kommunalwahl-1989/!5163548/
257 https://www.tagesspiegel.de/berlin/wie-ein-friedenskreis-den-fall-des-regimes-beschleunigte-5551189.html
258 https://revolution89.de/aufbruch/die-friedens-und-umweltbewegung
259 https://www.demokratie-statt-diktatur.de/stasi-und-die-menschenrechte/freie-wahlen/
260 https://www.tagesspiegel.de/berlin/wie-ein-friedenskreis-den-fall-des-regimes-beschleunigte-5551189.html
261 https://www.youtube.com/watch?v=Lc1bpYTj6r4
262 https://www.weiterdenken.de/de/2019/05/02/7-mai-1989-proteste-gegen-wahlfaelschung-der-ddr
263 https://www.jugendopposition.de/themen/herbst89/145462/demos-am-7-8-oktober-in-berlin
264 https://www.Bild.de/politik/inland/wulff-kredit-affaere/dassprach-wulff-dem-»Bild«-chef-auf-die-mailbox-34832232.Bild.html
265 https://www.zeit.de/politik/deutschland/2011-12/wulff-kredit-urlaub-merkel
266 https://youtu.be/HDV4Zqy5jwg?t=291
267 https://www.bdzv.de/service/presse/branchennachrichten/2023/can-duendar-beim-theodor-wolff-preis-unter-den-bedingungen-in-denen-wir-leben-koennen-wir-den-kampf-fuer-die-pressefreiheit-und-den-kampf-fuer-die-demokratie-nicht-voneinander-trennen
268 https://www.presseportal.de/pm/51548/3362113
269 https://www.sueddeutsche.de/wirtschaft/wirecard-insolvenz-ermittlungen-1.5013093
270 https://dserver.bundestag.de/btd/19/223/1922308.pdf
271 https://www.diplomatisches-magazin.de/artikel/der-wirecard-skandal/, https://www.bka.de/DE/IhreSicherheit/Fahndungen/Personen/BekanntePersonen/Jan_Marsalek_wirecard/Sachverhalt.html

272 https://www.spiegel.de/ausland/malta-brueder-bekennen-sich-im-prozess-um-journalisten-mord-schuldig-a-6520d215-12e74c4d-8868-50f0b04ad0be
273 https://www.tagesschau.de/ausland/europa/de-vries-mord-prozess-101.html
274 https://www.tagesschau.de/ausland/europa/kuciak-mord-slowakei-101.html
275 https://forbiddenstories.org/journaliste/szabolcs-panyi/
276 https://www.uni-hamburg.de/newsroom/presse/2023/pm65.html
277 https://www.spiegel.de/kultur/gesellschaft/fall-claas-relotius-spiegel-legt-betrug-im-eigenen-haus-offen-a-1244579.html
278 https://web.archive.org/web/20230209104147/https://www.bild.de/politik/inland/politik-inland/berlin-rot-gruen-will-auch-bei-wahl-niederlage-weiter-regieren-cdu-empoert-82837866.bild.html
279 https://www.fr.de/politik/diekmann-seiner-freunde-11316567.html
280 https://www.spiegel.de/politik/deutschland/christian-wulff-freispruch-im-prozess-um-korruption-a-955932.html
281 https://www.hdg.de/fileadmin/»Bild«er/12-Museumsmagazin/Museumsmagazin_1-2015.pdf#page=2
282 https://www.zeit.de/news/2019-05/23/cdu-laedt-youtuber-rezonach-scharfer-kritik-ein-190523-99-343725
283 https://www.youtube.com/watch?v=4Y1lZQsyuSQ
284 https://web.archive.org/web/20190523190423/https://www.cdu.de/system/tdf/media/dokumente/wie-wir-die-sache-sehen.pdf?file=1&type=field_collection_item&id=19017
285 https://www.tagesspiegel.de/politik/grosste-online-petition-in-deutschland-16-millionen-menschen-wollen-hocke-grundrechte-entziehen-11145823.html
286 https://www.npr.org/2023/09/22/1201183160/taylor-swift-instagram-voter-registration
287 https://www.spiegel.de/politik/deutschland/afd-erfolge-in-bayern-und-hessen-warum-junge-leute-die-partei-gewaehlt-haben-a-1bc58d84-b8ab-41c1-b904-c596d2824d12
288 https://web.archive.org/web/20220727094124/https://www-spiegel-de.spiegel.fun/eine-schule-in-bremen-explodierte-weil-man-versuchte-gas-zu-sparen.html
289 https://www.zdf.de/nachrichten/politik/fake-webseiten-

desinformation-facebook-instagram-ukraine-krieg-russland-100.html
290 https://archive.ph/hhZ6s
291 https://www.spiegel.de/netzwelt/web/fake-news-von-sockenpuppen-gefaelschte-deutsche-nachrichtenwebsites-kursieren-auf-facebook-a-6a4308b3-b15f-4606-8f65-a78a74857e33
292 https://fakty.afp.com/doc.afp.com.33WY9LF
293 https://www.youtube.com/watch?v=ibF5huB_e10
294 https://dpa-factchecking.com/germany/230803-99-680296/
295 https://www.wired.com/story/gadget-lab-podcast-624/
296 https://www.deutschlandfunknova.de/beitrag/falsche-zitate-einstein-freud-und-goethe-haben-das-gar-nicht-gesagt
297 https://algorithmwatch.org/de/bing-chat-wahlen-2023/
298 https://spring96.org/ru/news/107312
299 https://netzpolitik.org/2022/russische-wikipedia-festnahme-und-drohungen-wegen-artikelbearbeitung/
300 https://corporate.dw.com/de/belarus-die-telegram-revolution/a-55945513
301 https://netzpolitik.org/2021/belarus-polizei-geht-gegen-unerwuenschte-telegram-kanaele-vor/
302 https://www.nobelprize.org/prizes/peace/2021/ressa/facts/, https://www.theguardian.com/books/2022/nov/12/nobel-peace-laureate-maria-ressa-how-to-stand-up-to-a-dictator
303 https://www.bbc.com/news/world-asia-49601038
304 https://eu.app.com/story/news/local/values/2021/10/08/nobelpeace-prize-toms-river-north-graduate-maria-ressa/6048748001/
305 https://www.reporter-ohne-grenzen.de//philippinen
306 https://www.youtube.com/watch?v=UtjFwNiHUbY
307 https://www.theguardian.com/books/2022/nov/12/nobel-peace-laureate-maria-ressa-how-to-stand-up-to-a-dictator
308 https://www.ucanews.com/news/filipino-journalist-spends-night-in-jail-in-cyber-libel-case/84511
309 https://www.spiegel.de/ausland/friedensnobelpreistraegerin-maria-ressa-ich-habe-gelernt-angst-zu-absorbieren-a-64b05481-3200-4c94-85f9-09308513579e
310 https://www.deutsche-stiftung-engagement-und-ehrenamt.de/wpcontent/uploads/2023/05/PM-Demokratische-Integration.pdf

311 https://www.tagesschau.de/inland/bundesbehoerden-ostdeutsche-101.html, https://www.lvz.de/mitteldeutschland/unter-deutschen-uni-rektoren-ist-kein-einziger-ostdeutscher-NRGV5LN264FDDABRB75NMOIVOE.html
312 https://www.hdg.de/lemo/kapitel/geteiltes-deutschland-gruenderjahre/wirtschaft-und-gesellschaft-im-westen/soziale-marktwirtschaft.html, https://www.bundesarchiv.de/DE/Navigation/Finden/Epochen/Bundesrepublik-Deutschland/bundesrepublik-deutschland.html
313 https://dejure.org/gesetze/StGB/291.html
314 https://www.bundeskartellamt.de/DE/Kartellverbot/kartellverbot_node.html
315 https://www.bpb.de/kurz-knapp/lexika/lexikon-der-wirtschaft/18674/arbeitslosenversicherung/
316 https://www.bmfsfj.de/bmfsfj/aktuelles/alle-meldungen/fast-ein-viertel-der-ueber-80-jaehrigen-in-deutschland-leidet-unter-altersarmut-190066
317 https://www.thw.de/DE/THW/Geschichte/geschichte_node.html
318 https://www.tagesschau.de/inland/innenpolitik/interview-braun-ampelkoalition-100.html
319 https://www.worldwildlife.org/about/
320 https://www.tagesspiegel.de/politik/schauble-will-dem-schutz-des-lebens-nicht-alles-unterordnen-7507174.html
321 https://www.dkfz.de/de/tabakkontrolle/download/Publikationen/sonstVeroeffentlichungen/Tabakatlas-Deutschland-2020_Auf-einen-Blick.pdf#page=3
322 https://www.zeit.de/online/2005/51/passivrauchen
323 https://www.spiegel.de/spiegel/print/index-1975-50.html
324 https://www.spiegel.de/politik/sicherheitsgurte-furcht-vor-der-fessel-a-a8777b51-0002-0001-0000-000041389557?context=issue
325 https://www.rpi-loccum.de/damfiles/default/rpi_loccum/Materialpool/Lernwerkstatt/ReligionVielfalt/religion_1aa-1d9913 9574df4576d20b8d116913c246.pd
326 https://www.ndr.de/kultur/kulturdebatte/Cancel-Culture-Was-ist-das-eigentlich,cancelculture108.html
327 https://www.blz.bayern.de/holocaust-leugnung_zfp_33.html
328 https://rosenburg.bmj.de/SharedDocs/Artikel/DE/2021/0401_Gesetzespaket_gegen_Hass_und_Hetze.html

329 https://www.bundesverfassungsgericht.de/SharedDocs/Entscheidungen/DE/1994/04/rs19940413_1bvr002394.html, https://www.zjs-online.com/dat/artikel/2019_1_1281.pdf#page=3, https://www.deutschlandfunknova.de/beitrag/urteil-holocaustleugnung-ist-strafbar-verharmlosung-nicht-unbedingt

330 https://www.inkota.de/sites/default/files/2020-06/inkota-infoblatt-5-kinderarbeit-schokolade.pdf

331 https://tonyschocolonely.com/de/de/unsere-mission/wie-allesbegann

332 https://www.inkota.de/sites/default/files/2020-06/inkota-infoblatt-5-kinderarbeit-schokolade.pdf

333 https://eu.usatoday.com/story/news/politics/2021/06/17/supreme-court-child-slaves-may-sue-u-s-chocolate-firms-over-labor/6802477002/

334 https://www.fairtrade-deutschland.de/service/presse/details/elfenbeinkueste-preissenkung-auf-kosten-der-kakaoproduzenten-6793, https://www.welthungerhilfe.de/welternaehrung/rubriken/wirtschaft-menschenrechte/hoehere-kakaopreise-gegen-illegale-kinderarbeit

335 https://www.tagesschau.de/wirtschaft/unternehmen/lieferkettengesetz-deutschland-jahrestag-100.html

336 https://www.tagesschau.de/wirtschaft/weltwirtschaft/eu-lieferkettengesetz-menschenrechte-100.html

337 https://www.ardmediathek.de/video/quer-mit-christoph-suess/freiwillig-tempo-30/br-fernsehen/Y3JpZDovL2JyLmRlL3ZpZGVvLzZjZThiM2E0LTk3YmUtNDAxYS1hNDY5LTFlMTY5ZDY3MDkwMA

338 https://www.zeit.de/news/2023-10/16/streit-um-tempo-30-schilder-vor-gericht

339 https://lebenswerte-staedte.de/de/staedte-und-gemeinden-der-initiative.html

340 https://www.bundestag.de/dokumente/textarchiv/2023/kw38-de-strassenverkehrsgesetz-965082

341 https://www.faz.net/aktuell/wirtschaft/tempo-30-regeln-im-bundesrat-gekippt-reform-des-strassenrechts-19337853.html

342 https://lebenswerte-staedte.de/de/

343 https://www.arnold-vaatz.de/21-tuerkei-baut-flughafen-und-u-bahn-viel-schneller/

344 https://www.reuters.com/world/asia-pacific/indonesia-china-agree-12-bln-cost-overrun-high-speed-train-official-2023-02-13/
345 https://www.srf.ch/sport/mehr-sport/olympische-spiele-sotschi-wird-vom-kostenwahnsinn-eingeholt
346 https://www.rferl.org/a/ghosts-of-sochi-olympics-migrant-deaths/26779493.html
347 https://web.archive.org/web/20150930015634/http://www.faz.net/agenturmeldungen/unternehmensnachrichten/roundup-weitere-panne-am-ber-600-brandschutzwaende-muessen-neu-gebaut-werden-13828780.html, https://www.zeit.de/mobilitaet/2020-01/flughafen-berlin-brandenburg-ber-tuev-rauchabzug-abnahme
348 https://www.tagesschau.de/ausland/asien/erdbeben-tote-tuerkei-syrien-101.html
349 https://www.duvarenglish.com/2019-video-of-erdogan-praisingzoning-amnesty-in-quake-hit-province-goes-viral-video-61831
350 https://www.boell.de/sites/default/files/assets/boell.de/images/download_de/stiftung/1994_Wahlprogramm.pdf
351 https://www.hrw.org/de/news/2022/10/14/iran-schuelerinnen-fuehren-freiheitsproteste
352 https://www.zeit.de/politik/deutschland/2023-11/klima-klage-bund-bundesregierung-oberverwaltungsgericht-berlin-brandenburg
353 https://www.nzz.ch/meinung/demokratie-und-rechtsstaat-sind-fragil-genauso-unser-wohlstand-ld.1677590
354 https://www.tui-stiftung.de/wp-content/uploads/2022/07/2022_07_06_JungesEuropa2022_Report.pdf
355 https://pcpsr.org/en/node/725, https://www.pcpsr.org/en/node/370; https://www.brookings.edu/wp-content/uploads/2016/06/shikaki20031201.pdf#page=17
356 https://ourworldindata.org/less-democratic
357 https://www.afd-landtag.bayern/2023/10/27/haftbefehl-gegen-einen-abgeordneten-das-ist-eine-neue-qualitaet-staatlicher-repression/
358 https://www.derstandard.de/story/3000000196260/geheime-aufnahme-der-super-gau-fuer-die-oevp
359 https://www.tagesspiegel.de/berlin/wahlbetrug-in-brandenburg-ist-fall-fur-den-staatsanwalt-5558965.html

360 https://www.rbb24.de/panorama/beitrag/2023/12/berlin-polizist-urteil-bewaehrungsstrafe-wegen-tritt-gegen-kopf.html

361 https://www.derstandard.de/story/3000000174133/taliban-halten-bekannten-oesterreichischen-rechtsextremisten-gefangen

362 https://www.umweltbundesamt.de/themen/klima-energie/grundlagen-des-klimawandels/duerre-als-folge-des-klimawandels#prognosen-zeigen-das-durrerisiko-steigt-weiter

363 https://www.worldbank.org/en/news/press-release/2018/03/19/climate-change-could-force-over-140-million-to-migrate-within-countries-by-2050-world-bank-report

364 https://www.munichre.com/en/risks/natural-disasters/wildfires.html

365 https://www.agrarheute.com/markt/marktfruechte/missernte-argentinien-jahrhundert-duerre-verbrennt-alles-604377

366 https://english.elpais.com/climate/2023-11-30/climate-denier-in-the-casa-rosada-mileis-arrival-puts-argentinas-environmental-agenda-at-risk.html

367 https://www.mdr.de/nachrichten/thueringen/ernte-bauernverband-trockenheit-100.html

368 https://www.facebook.com/Bjoern.Hoecke.AfD/posts/pfbidodRPb4wpH8XLyxdivqcrByB4MpTuUJ7VbByz9TKrAhSiyre5Fo20D7p6cCXPUGhAAl

369 https://www.afd-thueringen.de/aktuelles/2023/09/bjoern-hoecke-rot-rot-gruener-haushaltsentwurf-2024-offenbart-undurchsichtigen-umgang-mit-den-staatsfinanzen/

370 https://www.bundesverfassungsgericht.de/SharedDocs/Entscheidungen/DE/2021/03/rs20210324_1bvr265618.html

371 https://www.rnd.de/politik/schleswig-holstein-der-mythos-um-die-afd-und-die-wahlbeteiligung-YUZDQYSNSVCKPEETJDZBW5ZHI4.html

372 https://www.kas.de/documents/252038/16166715/W%C3%A4hlen+oder+nicht+w%C3%A4hlen.pdf/03ec3506-1889-f2a6a509-c63ef640c4ef

373 https://www.bundeswahlleiterin.de/info/presse/mitteilungen/bundestagswahl-2021/23_21_parteien-wahlteilnahme.html

374 https://rsw.beck.de/aktuell/daily/meldung/detail/britische-innenministerin-kritisiert-egmr-und-migranten

375 https://www.zeit.de/gesellschaft/zeitgeschehen/2022-10/rechtsterrorismus-gerichtspozess-revolution-familie
376 https://www.zeit.de/politik/ausland/2021-07/spionage-software-pegasus-ueberwachung-journalisten-ermittlung-staatsanwaltschaft-frankreich
377 https://www.deutschlandfunk.de/die-macht-muss-der-macht-grenzen-setzen-100.html
378 https://taz.de/Urteil-im-Prozess-gegen-KSK-Soldaten/!5754620/
379 https://www.bundeskartellamt.de/DE/Kartellverbot/Kronzeugenprogramm/Kronzeugenprogramm_node.html;jsessionid=CDA04E756C7C5B81F744857E07864CCB.2_cid389,
380 https://www.welt.de/wirtschaft/article166042104/Die-Wurstluecke-im-Kartellrecht-ist-jetzt-geschlossen.html
381 https://www.sueddeutsche.de/wirtschaft/apple-pay-eu-kommission-1.5576627
382 https://www.sueddeutsche.de/wirtschaft/google-kartellverfahren-eu-kommission-1.5925296
383 https://www.tagesschau.de/ausland/opec-klimakonferenz-100.html, https://www1.wdr.de/nachrichten/opec-brief-dubai-klimakonferenz-cop-100.html
384 https://www.gesetze-im-internet.de/hinschg/BJNR08C0B0023.html, https://www.bundesregierung.de/breg-de/suche/hinweisgeberschutz-2064178
385 https://www.sozialgerichtstag.de/positionspapier-des-deutschen-sozialgerichtstages-e-v-dsgt-zur-verankerung-der-kinderrechte-im-grundgesetz/, https://www.institut-fuer-menschenrechte.de/fileadmin/Redaktion/Publikationen/Fact_Sheet/Factsheet_Childrens_Rights_into_the_Basic_Law.pdf
386 https://dserver.bundestag.de/btp/19/19127.pdf#page=224
387 https://www.spiegel.de/politik/wir-sind-die-antipartei-partei-a-8dc0fd34-0002-0001-0000-000014341522
388 https://www.youtube.com/watch?v=nkSGOduANoc
389 https://www.vox.com/2016/10/19/13341712/presidential-debate-donald-trump-concede
390 https://www.youtube.com/watch?v=agAHZF3uPdE
391 https://www.bmi.bund.de/SharedDocs/pressemitteilungen/DE/2023/11/vereinsverbot-hamas-samidoun.html
392 https://www.spiegel.de/politik/ausland/waterboarding-cia-

folterte-top-terrorist-scheich-mohammed-fast-200-mal-a-619868.html
393 https://www.blaetter.de/ausgabe/2007/november/der-fall-murat-kurnaz-staatsraeson-vor-menschenrecht
394 https://www.spiegel.de/ausland/jens-stoltenberg-ueber-die-anschlaege-in-norwegen-es-war-der-schlimmste-tag-in-meinem-leben- a-9206e292-0090-4214-9832-0039d2bbafd4
395 https://www.presidency.ucsb.edu/documents/address-the-nation-upon-proclaiming-day-mourning-following-the-death-dr-king
396 https://www.splcenter.org/hatewatch/2012/12/18/derek-black-have-stormfront-founder%E2%80%99s-son%E2%80%99s-politics-changed
397 https://archive.org/details/1HATE.COMEXTREMISTSONTHEN-ETHBOYouTube, ab 4:30
398 https://www.spiegel.de/ausland/ku-klux-klan-aussteiger-wie-derek-black-seiner-neonazi-familie-entkam-a-00000000-0002-0001-0000-000170923523
399 https://youtu.be/LMEG9jgNj5M?t=605
400 https://www.threads.net/@rderekblack/post/CvUyIgUOmGw
401 https://www.spiegel.de/ausland/ku-klux-klan-aussteiger-wie-derek-black-seiner-neonazi-familie-entkam-a-00000000-0002-0001-0000-000170923523
402 https://www.berlin.de/kunst-und-kultur-mitte/geschichte/erinnerungskultur/berlin-mitte-codes/artikel.1019532.php
403 https://www.dw.com/de/damals-berliner-scheunenviertel/video-17200065
404 https://weimar.bundesarchiv.de/WEIMAR/DE/Content/Dokumente-zur-Zeitgeschichte/1930-03-27_Ruecktritt_Mueller.html, https://www.dhm.de/lemo/kapitel/weimarer-republik/innenpolitik/arbeitslosenversicherung-1927.html
405 https://www.dhm.de/lemo/bestand/objekt/reichstagswahl-31-juli-1932.html
406 Philipp Austermann: Der Weimarer Reichstag. Die schleichende Ausschaltung, Entmachtung und Zerstörung eines Parlaments, Köln 2020, S. 210, hier online: https://t1p.de/df1q9
407 https://www.idea.int/publications/catalogue/global-state-democracy-2023-new-checks-and-balances
408 https://2015-2019.kormany.hu/en/the-prime-minister/the-prime-

minister-s-speeches/prime-minister-viktor-orban-s-speech-at-the-25th-balvanyos-summer-free-university-and-student-camp
409 https://www.europarl.europa.eu/news/en/press-room/20220909IPR40137/meps-hungary-can-no-longer-be-considered-a-full-democracy
410 https://crsreports.congress.gov/product/pdf/IF/IF12198
411 https://www.reuters.com/world/europe/russian-man-who-traced-no-war-snow-gets-10-days-jail-2023-11-29/
412 https://www.businessinsider.com/donald-trump-crap-protesters-tomatoes-2016-2
413 https://www.bpb.de/kurz-knapp/hintergrund-aktuell/305010/vor-30-jahren-nelson-mandela-wird-aus-der-haft-entlassen/
414 https://www.spiegel.de/ausland/hongkong-der-widerstand-ist-noch-nicht-ganz-tot-a-5aa9576c-d4fd-4a29-966c-597017ded7d6, https://hongkongfp.com/2023/10/20/hong-kong-activist-dickson-chau-fined-hk10500-for-violating-covid-19-mask-mandate/
415 https://www.zdf.de/nachrichten/politik/ausland/wladimir-putin-amtszeit-kandidatur-wahlen-100.html, https://www.spiegel.de/ausland/china-xi-jinping-vom-volkskongress-fuer-weitere-fuenf-jahre-gewaehlt-dritte-amtszeit-a-52442fc0-a82a-4439-8439-dafd8a845cc1
416 https://www.zeit.de/politik/ausland/2023-10/mahmud-abbas-palaestina-hamas-israel-fatah
417 https://www.spiegel.de/politik/ausland/polen-altersbeschraenkungen-fuer-richter-verstossen-laut-eugh-gegen-eu-recht-a-1294932.html, https://www.deutschlandfunk.de/justizreformen-in-polen-richter-auf-der-anklagebank-100.html
418 https://www.hrw.org/report/2013/05/16/wrong-direction-rights/assessing-impact-hungarys-new-constitution-and-laws
419 https://www.bbc.com/news/world-asia-57236775
420 https://www.washingtonpost.com/news/the-fix/wp/2016/10/20/donald-trumps-refusal-to-say-hell-accept-election-results-isnt-just-shocking-its-also-a-total-flip-flop/
421 https://www.reuters.com/world/americas/brazilian-court-orders-roadblocks-cleared-bolsonaro-silent-election-loss-2022-11-01/
422 Steven Levitsky, Daniel Ziblatt: How Democracies Die, New York 2018, S. 85, hier online: https://t1p.de/88wnf

423 https://www.derstandard.de/story/3000000197804/bolschoi-chef-wladimir-urin-verlaesst-sein-haus-nach-putin-kritik
424 https://www.reuters.com/article/usa-trump-media-idINKBN1CH2YM/
425 https://www.presseportal.de/pm/133833/4413088
426 https://www.evangelisch.de/inhalte/79223/02-03-2012/martin-niemoeller-vom-gefaengnis-ins-konzentrationslager
427 https://encyclopedia.ushmm.org/content/de/article/martin-niemoeller-first-they-came-for-the-socialists
428 https://www.spiegel.de/psychologie/aktivismus-und-engagement-wie-koennen-wir-was-bewegen-podcast-mit-raul-krauthausen-a-783ac5de-519c-4368-8df4-bb266f6ee0b5
429 https://fridaysforfuture.se/
430 https://www.zeit.de/gesellschaft/schule/2019-03/fridays-for-future-lehrer-schulstreik-klimaschutz
431 https://www.faz.net/aktuell/politik/ausland/klimastreik-globale-fridays-for-future-demos-gehen-weiter-16406182.html
432 https://www.otto-brenner-stiftung.de/fileadmin/user_data/stiftung/06_Aktuelles/2020_10_15_FFF/FFF_Jugend_gegen_Klimawandel_Buch.pdf#page=10, https://trends.google.de/trends/explore?date=2019-01-01%202019-12-31&geo=DE&q=klimawandel&hl=de
433 https://link.springer.com/article/10.1007/s11625-023-01348-7
434 https://www.juedische-allgemeine.de/politik/erneut-israelfeindliche-ausfaelle-von-greta-thunberg/, https://www.instagram.com/p/CodoGTSsuT_/?hl=de
435 https://www.tagesspiegel.de/gesellschaft/antisemitismus-bei-fridays-for-future-der-aktivist-der-die-hassposts-durchsetzte-10699462.html; https://www.juedische-allgemeine.de/politik/tweets-gegen-israel/, https://www.spiegel.de/politik/deutschland/fridays-for-future-deutschland-distanziert-sich-von-antisemitischem-beitrag-bei-instagram-a-93ec334b-bf32-4e68-825f-e58d0434cdea
436 https://fridaysforfuture.de/statement-zur-aktuellen-situation/
437 https://api.parliament.uk/historic-hansard/commons/1947/nov/11/parliament-bill#S5CV0444P0_19471111_HOC_292; das Zitat ist allerdings älter, siehe https://quoteinvestigator.com/2023/12/08/democracy-worst/

438 https://www.economicsandpeace.org/wp-content/uploads/2023/09/GPI-2023-Web.pdf
439 https://youtu.be/T66wFPhZaKM?t=2875

Das Quellenverzeichnis ist auch online abrufbar unter https://carlsen.lnk.to/demokratie

DIE SCHULE IST VORBEI, DOCH WAS KOMMT JETZT?

Anja Reumschüssel
CARLSEN KLARTEXT: SCHULE UND DANN? BERUFSFINDUNG
Taschenbuch
240 Seiten
ISBN 978-3-551-31976-0
Auch als E-Book erhältlich

ENDLICH IST DIE SCHULE GESCHAFFT! Aber was kommt jetzt? Wie und wo möchte ich einmal arbeiten? Was begeistert mich und was macht mir Angst? Wie wichtig ist mir Karriere und wie grenze ich mich von den Erwartungen anderer ab? In diesem Buch geht die renommierte Journalistin Anja Reumschüssel Fragen wie diesen nach, die dabei helfen können, den eigenen Weg zu finden. Und oft lohnt es sich dabei, um die Ecke zu denken!

WWW.CARLSEN.DE